ALLEVYTECHNIE.

MOYEN D'APPRENDRE VITE ET DE RETENIR TOUJOURS
APPLICABLE A TOUTES LES SCIENCES.

HISTOIRE DE FRANCE

ALLEVYSÉE.

Pa is — Typ. Vve d. VERT. rue N.-D -de Nazareth, 79.

ALLEVYTECHNIE.

MOYEN D'APPRENDRE VITE ET DE RETENIR TOUJOURS,
APPLICABLE A TOUTES LES SCIENCES.

HISTOIRE DE FRANCE
ALLÉVYSÉE

PAR ALLEVY
seul Professeur de cette Méthode.

(Apprendre n'est rien,)
(Retenir c'est tout.)

(Apprendre vite.)
(Retenir toujours.)

(Instruire en amusant.)

L'apparence en est puérile, je le confesse,
mais ces puérilités servent d'enveloppe à
des vérités importantes.

DE LA FONTAINE.

Prix : 5 francs.

SE VEND CHEZ L'AUTEUR
23, FAUBOURG SAINT-DENIS

PARIS

Hommage de l'Auteur

au

Docteur PIERRE-LOUIS **ALLEVY**, son père,

et à

M. ACHILLE-HENRI **ALLEVY**, son frère.

Témoignage de souvenirs et de regrets.

———

PRÉFACE.

Ce procédé, créé depuis plus de 20 ans, se faisait déjà remarquer à Bruxelles en 1833, par des succès suffisants pour attirer l'attention et mériter à son auteur la protection du roi des Belges (*). Il fut employé ensuite en France, dans les pensionnats et l'enseignement particulier, et les élèves de M. Allevy se sont continuellement distingués dans les examens publics (**). S'appliquant à tous les âges avec un égal succès, il rend possibles des connaissances complètes en histoire aux personnes les moins douées de mémoire ; les chronologies et les dates, d'une si grande difficulté, ne deviennent plus qu'un jeu ; et non-seu-

(*) La lettre du roi des Belges est parmi les certificats.

(**) M. Allevy ne croit pas utile de soumettre au public des certificats de maîtres de pension ; ayant continuellement une clientèle d'une vingtaine de pensionnats, il est facile, en s'adressant à lui, de voir des élèves dont les succès sont la meilleure preuve.

lement on y parvient rapidement, mais on acquiert encore la certitude de ne plus les oublier.

M. Allevy désirant populariser ce moyen, dont il avait retenu la vente jusqu'à ce jour, croit utile de prémunir le public contre son apparence puérile, qui le fait passer aux yeux de quelques personnes comme n'étant applicable qu'au jeune âge, tandis qu'il est appelé à rendre même d'éminents services dans l'étude des sciences les plus sérieuses (*) Il possède de plus l'avantage de parfaitement réussir sur de grandes réunions d'élèves. L'application dans l'armée, qui en a été faite par M. Allevy dans beaucoup de régiments, peut en donner une preuve (**).

*) Elle est appliquée par l'auteur à toutes les sciences nécessaires pour l'examen du baccalauréat ès-lettres, ainsi qu'au premier examen de médecine.

(**) On trouvera au rang des certificats ceux des généraux et des colonels.

PIECES ET CERTIFICATS

constatant la réussite.

DE L'ALLEVYTECHNIE.

Lettre du roi des Belges.

LISTE CIVILE.
SECRÉTARIAT.
No 1359.

Bruxelles, le 17 juillet 1838

Monsieur,

Le rapport favorable, qui a été fait au roi, sur la situation de l'établissement dirigé par vos soins et sur la méthode que vous mettez en usage, pour l'instruction de la jeunesse, a déterminé S. M. à prendre votre pensionnat sous sa protection.

Le vif intérêt que S. M. porte à tout ce qui tend a propager et à améliorer les diverses méthodes d'enseignement, ne lui permet jamais de rester indifférente aux efforts de ceux qui dirigent leurs travaux vers un but aussi louable. En me chargeant de vous faire part de ses intentions, le Roi m'a donné aussi l'ordre de vous remercier, Monsieur, du tableau dont vous lui avez fait hommage dans le temps, et de vous remettre comme un témoignage de sa satisfaction royale et à titre d'encouragement, une somme de six cents francs, que vous pourrez faire toucher quand vous le jugerez convenable, à la caisse de la liste civile.

Recevez, Monsieur, les assurances de ma parfaite considération.

Le Secrétaire du Roi, chargé de la liste civile,

ED. CONWAY

<table>
<tr><td>

MINISTÈRE
DE L'INTÉRIEUR.
INSTRUCTION
PUBLIQUE.
N° 3790.
Litt. A.

</td><td>

Bruxelles, le 4 avril 1833.

L'Administrateur général de l'instruction publique,
A M. Allevy, chef d'institution,
rue des Arts, à Saint-Joos-ten-Noode.

</td></tr>
</table>

Monsieur,

Le ministre de l'intérieur, à qui j'ai communiqué, ainsi que je vous l'ai fait savoir par ma lettre du 21 mars dernier, n° de la présente, le rapport favorable que j'ai reçu de M. l'Inspecteur Dewez, au sujet de votre établissement, vient de m'informer qu'il approuvait mes conclusions d'après lesquelles vous pouvez être envisagé comme *digne de la protection royale;* il observe toutefois que vous devez préalablement faire connaître de quelle manière vous désirez que cette protection se manifeste. Veuillez, en conséquence, m'adresser une demande spéciale et motivée à ce sujet, et je m'empresserai de la mettre sous les yeux du ministre.

Agréez, Monsieur, l'assurance de ma parfaite considération.   LESBROUSSART.

M. Allevy a enseigné sa méthode pour l'histoire et la géographie, dans l'armée française, aux 1er, 4e, 21e, 25e, 34e, 35e, 37e, 40e, 46e, 48e, 54e, 58, 61e, 72e et 75e régiments d'infanterie de ligne ; ensuite au 1er, 9e, 11e, 14e, 24e et 25e régiments d'infanterie légère ; au 4e lanciers ; au 9e dragons et à la garde municipale.

Dans les inspections générales et dans toutes les circonstances où ils ont vu les élèves, les maréchaux de France, Magnan et Castellane, et les généraux de division et de brigade Schramm, Aulas de Courtigis, Taillandier, Delabordes, Aupick, Fabvier, Garraube Prévost, Sainte-Aldégonde, Rapatel, Boyer, Tholozé, Rumigny et Cubières, etc., ont continuellement approuvé et félicité l'inventeur sur ses succès.

Les certificats qui suivent, émanant des colonels

sous les yeux desquels les leçons ont été données, sont la plus sûre garantie de la rapidité et de la franchise des résultats.

Le colonel du 1er régiment d'infanterie de ligne soussigné, certifie que M. Allevy, professeur du levier intellectuel, a démontré l'histoire de France dans le régiment, et que sa méthode de Mnémonique a produit pour l'instruction de ses élèves les résultats les plus satisfaisants.

Paris, le 20 février 1846.

Le colonel PATÉ, présentement général de division, commandant la division d'Alger.

Le colonel du 54e de ligne, certifie que les leçons d'histoire de France, données aux sous-officiers et soldats du régiment, par M. Allevy, d'après sa méthode Mnémotechnique, ont produit d'excellents résultats.

Paris, le 16 mars 1846.

Le colonel baron MEYNARD.

Je soussigné, certifie que M. Allevy a démontré l'histoire de France aux sous-officiers de mon régiment, et que sa méthode Mnémonique a produit les résultats les plus satisfaisants.

Paris, le 9 avril 1846.

Le général de brigade, A. FRANÇOIS, ex-colonel du 11e léger

Le colonel soussigné, certifie que M. Allevy a fait dans le régiment, sous ses ordres, un cours d'histoire, par une méthode de son invention, dite le Levier intellectuel Allevy, qui a réussi en peu de temps et de la manière la plus satisfaisante. Les enfants mêmes ont appris par ce moyen l'histoire de France qu'ils possèdent parfaitement. Le colonel se plaît à reconnaître que M. Allevy a apporté dans son cours toute l'intelligence et tous les soins désirables, et qu'il a obtenu des résultats remarquables. Il le recommande à tous ceux qui désireront apprendre promptement.

Paris, le 10 avril 1846.

Le colonel du 75e de ligne,
MONTRÉAL.
Présentement général de division, commandant la division d'occupation à Rome.

___

Le colonel du 40e régiment d'infanterie de ligne, certifie que M. Allevy, professeur unique du Levier intellectuel, a enseigné avec succès son cours d'histoire de France à plusieurs officiers, sous-officiers et soldats du régiment. Les résultats satisfaisants qui en ont été la suite, recommandent cette méthode nouvelle pour l'instruction de l'armée.

Paris, le 20 octobre 1844.

CHARON.
Présentement général de brigade.

___

Le colonel soussigné certifie que les enfants de troupe dudit régiment ont suivi le cours d'histoire enseigné d'après le Levier intellectuel Allevy, que leurs progrès ont été très-rapides ; que les résultats obtenus, même pour les plus jeunes, ont été on ne peut plus satisfaisants, et ont dépassé toute attente.

L'efficacité de cette méthode est incontestable ; son emploi ne saurait être trop recommandé pour l'enseignement régimentaire.

Le savant professeur mérite les plus grands éloges pour le zèle incessant qu'il met à propager l'instruction dans l'armée.

Paris, le 17 octobre 1846.

Le colonel CORNEMUSE.
Présentement général de division.

___

Je soussigné, suis heureux de certifier que la méthode de M. Allevy, qui a été suivie au 25e léger que je commandais, a produit les plus beaux et les plus surprenants résultats ; des enfants qui n'avaient aucune notion de l'histoire de France, ont pu, en 15 ou 20 leçons, répondre à toutes les questions qui leur ont été faites sur le nom des rois, la date de leur avénement au trône, les faits principaux de leurs règnes, etc.

J'ai beaucoup étudié l'histoire, et quoique doué d'une assez bonne mémoire, je n'avais pu parvenir à y graver certaines dates, que quelques séances du cours de M. Allevy y ont fixées pour toujours. Je regarde donc comme un devoir de rendre un hommage à l'excellence de la méthode Allevy, et au talent de son auteur, et je prie ce dernier de recevoir l'assurance de ma haute considération.

Commandant le département des Hautes-Alpes
Comte H. DE POLIGNAC.

Paris, ce 20 novembre 1846.

MINISTÈRE **RÉPUBLIQUE FRANÇAISE.**
DE LA GUERRE. LIBERTÉ, ÉGALITÉ, FRATERNITÉ.

Je soussigné, certifie que M. Allevy, pendant le séjour du régiment à Paris, a donné des leçons d'histoire, enseignée par la méthode Mnémonique qui lui est particulière, à des officiers et aux enfants de troupe, et que ceux qui ont voulu étudier, sont parvenus en peu de temps à faire des progrès très-remarquables. En foi de quoi, je lui ai délivré le présent certificat.
Paris, le 20 juillet 1849.

Le général, directeur du personnel,
ancien colonel du 24e léger.

Baron BERTRAND.

Le colonel de la garde municipale de Paris, certifie que M. Allevy, professeur de l'Allevytechnie, a enseigné avec un grand succès son cours d'histoire de France à plusieurs sous-officiers, brigadiers et gardes, que les résultats de cet enseignement ont été des plus satisfaisants, et qu'il se plaît à reconnaître tout le zèle que M. Allevy a déployé dans son cours, et qu'il ne saurait trop recommander sa méthode.

Paris, 15 mars 1847.

Le colonel, commandant la garde municipale de Paris.

LARDENOIS.

Le colonel du 48ᵉ régiment se plaît à reconnaître que les cours d'histoire et de géographie que M. Allevy a bien voulu faire aux enfants de troupe du corps, ont eu un succès fort remarquable. Bien que ces enfants n'aient pas assisté à plus de quinze séances de ce professeur, ils ont pu classer dans leur mémoire une foule de faits qui, sans aucun doute, ne pourront que concourir fructueusement aux leçons qui leur sont données à l'école régimentaire.

Paris, le 21 mars 1847.

Le colonel, REGNAULT.

Le soussigné, maréchal de camp, ex-colonel du 35ᵉ régiment d'infanterie de ligne, certifie que le cours de Mnémonique fait au régiment par M. Allevy, a eu, pour les militaires qui ont assisté à ces réunions, les résultats les plus avantageux : que les intelligences les plus rebelles en ont éprouvé les effets les plus heureux, et que MM. les lieutenants généraux, inspecteurs d'infanterie, baron Fabvier et comte de Rumigny, en ont constaté la nécessité.

En accordant à M. Allevy ce témoignage d'estime et de satisfaction, j'ai lieu de penser que l'instruction qu'il donne avec autant de zèle et d'intelligence, ne peut être que très-profitable aux sous-officiers, caporaux et soldats, jaloux de pouvoir en profiter.

Paris, le 24 mai 1847.

Le maréchal de camp, DELANNOY.

Le colonel du 3ᵉ régiment de ligne se plaît à reconnaître que M. Allevy a fait avec succès un cours d'his-

toire de France aux officiers et sous-officiers, en 1849,
que beaucoup de militaires de tout grade y ont assisté,
et que dans l'espace de 18 à 20 séances, la plupart
d'entre eux ont acquis des connaissances positives en
histoire, qui témoignent de la supériorité de sa méthode
d'enseignement.

Fait à Paris, le 8 janvier 1850.

Le colonel du 3e de ligne,

COEUR.

Présentement général de brigade.

Le colonel, commandant le 25e de ligne, certifie que
M. Allevy a donné des leçons d'histoire de France au
régiment, et que les élèves qui n'avaient assisté qu'à
12 ou 15 leçons pouvaient répondre à la nomenclature
des rois, à la date de l'avénement au trône, ainsi qu'aux
faits les plus remarquables.

Paris, le 18 février 1850.

Le colonel du 25e de ligne,

D'EXÉA.

Le colonel du 23e de ligne, après avoir examiné la
méthode de M. Allevy pour l'étude de l'histoire de
France, a autorisé ce professeur à ouvrir un cours dans
le régiment. Il peut affirmer que les résultats qui se
sont présentés après un petit nombre de leçons, ont
amené les élèves à prouver qu'ils avaient parfaitement
compris le système de M. Allevy, qui les a mis à même
de répondre à toutes les questions qu'on pouvait leur
poser. Les moyens employés sont à la portée de toutes
les intelligences; aussi les résultats obtenus en ont été
la conséquence. Sa méthode est applicable à toutes les
autres sciences, et il serait heureux qu'elle fût répan-
due. Elle abrégerait des études longues et laborieuses.

Paris, le 1er mars 1850.

Le colonel du 23e de ligne,

M. RICHARD.

Présentement général de brigade.

Lettre du général Cubières prouvant les bons résultats obtenus par la méthode Allevy, lors de son inspection au 24ᵉ et au 14ᵉ légers.

Le général Cubières prie M. Allevy de lui faire l'honneur de passer la soirée chez lui, mercredi 19 août, à sept heures et demie, rue de Clichy, nᵒ 17.

Ainsi qu'il a été convenu, M. Allevy est prié d'amener, pour des questions d'histoire qui seront résolues en présence de plusieurs ministres du roi, une quinzaine de ses élèves, dont moitié à prendre parmi les enfants de troupe les moins avancés en âge.

S'il peut y adjoindre le caporal qui est en état de faire des questions, l'expérience sera plus complète, ainsi que le sergent-major du 24ᵉ léger, qui est très-ferré sur l'histoire.

Voici une invitation pour le colonel du 14ᵉ. M. Allevy est prié de la remettre et de me faire savoir si le colonel a une femme ou des filles que je puisse inviter aussi.

Le général Cubières.

AUTRES OUVRAGES DE L'AUTEUR.

Cadran perpétuel à quantième, donnant tous les calendriers depuis 1600, jusqu'en 3099 ; d'une très-grande utilité pour les bureaux, et même d'un grand ornement. Le même est exécuté en grand, pour être placé sur les monuments.

Conjugateur-Allevy qui réduit les verbes français à une seule conjugaison. Ce tableau rend de grands services dans l'étude de la langue française.

Le roi Léopold a fait acquisition du cadran pour son cabinet.

Le roi Louis-Philippe en a fait acquisition à l'exposition de l'industrie

INTENDANCE GÉNÉRALE
DE LA
LISTE CIVILE.

Paris, le 24 août 1844.

Monsieur,

Je vous prie de nous livrer le plus tôt possible le Cadran perpétuel que vous avez vendu au roi à l'exposition, et de nous remettre en même temps deux factures ainsi conçues :

« Vendu au roi, à l'exposition des produits de l'in- « dustrie de l'année 1844, et livré à la conservation du « mobilier de la Couronne, le

« Un cadran perpétuel (sa description et son prix).

« Certifié véritable, Paris, le 20 août 1844. »

(Vos nom et demeure).

J'ai l'honneur de vous saluer.

C. LAMBERT

Madame la duchesse d'Orléans a acquis le conjugateur Allevy pour l'enseignement de Son Altesse Royale le comte de Paris.

MINISTÈRE
DE L'AGRICULTURE
ET DU
COMMERCE.

Paris, le 19 août 1844.

Le maître des requêtes, directeur du commerce intérieur, prie MM. Allevy frères, de vouloir bien faire déposer le plus tôt possible, au secrétariat des commandements de Mme la duchesse d'Orléans, le tableau conjugateur qui leur a été commandé par Son Altesse Royale.

MM. Allevy frères sont priés de joindre la facture à leur envoi.

AVERTISSEMENT.

Les caractères d'impression ont été entremêlés de façon à rendre la méthode plus facile à comprendre.

Ainsi, la première phrase, après le numéro d'ordre, est toujours l'explication du signe ; les mots en italiques qui s'y trouvent donnent le nom du roi.

Le second alinéa donne la date, les mots ont les chiffres marqués sous chaque lettre en observant notre alphabet.

La troisième phrase sert à retenir les faits ; tous les mots en italiques, en donnent un, dont on a l'explication dans le sommaire qui est dessous. Il est aisé d'en établir la correspondance, les mots de la phrase, étant placés dans le même ordre que les faits du sommaire.

AVIS.

Pour étudier, procédez selon cet ordre ·
1° La figure et ce qu'elle fait retenir ;
2° Les dates ;
3° Les faits remarquables ;
4° La généalogie.
On ne retiendrait pas en apprenant autrement.

M. Allevy ne saurait trop conseiller aux personnes qui étudient sa méthode, de considérer le signe comme étant le point de rappel le plus important ; aussi est-il nécessaire de s'en frapper les yeux, une des meilleures sources de la mémoire : il serait même plus certain encore de les écrire soi-même, l'expérience ayant prouvé que l'action en était encore plus sûre.

M. Allevy, dans ses cours, les trace en grand au tableau noir, ce qui lui permet d'agir simultanément sur une grande quantité d'élèves.

L'auteur croit encore nécessaire de recommander de beaucoup interroger les élèves pour les familiariser plus promptement à employer son procédé.

Cette édition se trouve complétée par un petit résumé succinct des faits qui n'existait pas dans les premières. M. Allevy n'ayant rencontré dans les livres d'histoire que des résumés trop détaillés qui devenaient très-difficiles à apprendre.

PRINCIPES DE LA MÉTHODE ALLEVY.

CHIFFRES TRANSFORMÉS EN FIGURES POUR SERVIR DE BASE AUX POINTS DE RAPPELS.

1. Une tour.
2. Un oiseau.
3. Un chameau.
4. Un miroir.
5. Une chaise.

6. Un cor de chasse.
7. Une canne.
8. Un cerf.
9. Un poêlon.
0. Un cerceau.

Les figures tirées de la forme des dix chiffres conservent la même valeur dans tous les nombres, en observant de poser la dizaine sur l'unité ; exemple : 12 sera représenté par une tour sur un oiseau, et 21 par un oiseau sur une tour, ce qui empêchera de les confondre. Ces signes doivent être connus imperturbablement avant de commencer l'histoire.

CHIFFRES TRADUITS EN LETTRES,

POUR SERVIR A L'ÉTUDE DES DATES.

1. t, Ressemblance.
2. n, Deux jambages.
3. m, Trois jambages.
4. r, En prononçant quatre l'r s'entend.
5. l, Ressemblance.
6. d, Retourné.
7. j, k, c, x, Lettres dures à prononcer.
8. v, b, h, Ressemblance.
9. g, p, q, f, Ressemblance,
0. z, s, Font ze pour écrire zéro.

Les voyelles ne comptent pour rien.

L'auteur croit devoir recommander aux personnes qui n'ont jamais vu mettre en pratique cette méthode qu'il sera utile de prendre des explications verbales, et qu'un petit nombre de leçons suffira pour les mettre à même de parfaitement réussir.

DIVISION DES ROIS

EN RACES OU DYNASTIES ET EN BRANCHES [*]

La France date de l'an 420.

Elle compte, en 1857, 1437 ans d'existence.

72 rois l'ont gouvernée.

On la divise en 3 races ou dynasties.

—

1re dynastie dite des **MÉROVINGIENS,** comptant 22 rois.

—

2e dynastie dite des **CARLOVINGIENS,** comptant 13 rois.

—

3e dynastie dite des **CAPÉTIENS,** comptant 37 rois ou souverains, y compris Napoléon. Subdivisée en cinq branches.

1re branche dite des Capétiens, 14 rois.

—

2e branche dite des Valois, 7 rois.

—

3e branche dite d'Orléans, 1 roi.

—

4e branche dite des Valois d'Angoulême ou 2e des Valois, 5 rois.

—

5e branche dite des Bourbons, 10 rois. De ce nombre, déduisez Napoléon et Louis-Philippe.

[*] La main qui est sur la page à côté sert de point de rappel pour retenir la grande division de nos rois.

GÉNÉALOGIE DES 22 ROIS DE LA 1re RACE.

1	Fils de Marcomir.
2	0 1*
3	*
4	*
5	*
6 7	} 2 frères.
8 9	} 2 frères.
10	*
11	*
12	*
13 14 15	} 3 frères.
16 17	} 2 frères.
18	*
19	0
20	Fils du 14e roi.
21	Fils du 18e roi.
22	*

Explications et conseils pour aider à l'étude des tableaux généalogiques.

—

Les nos 1, 20 et 21 faisant exception au système, les points de rappels se trouveront dans le livre à leurs numéros respectifs.

La régularité dans la position des signes généalogiques étant le principal moyen pour frapper l'imagination, on remarquera qu'après le 0 il vient trois astérisques suivis de 2 frères, et qu'ensuite on trouvera les mêmes signes dans le sens opposé.

Au n° 13, 3 frères; ensuite, en diminuant, 2 frères suivis d'un seul, et en diminuant encore, 0.

La race termine par un astérisque.

(*) Le zéro indique l'origine inconnue. L'astérisque indique que le roi est fils de son prédécesseur. L'accolade indique que les 2 ou 3 rois qu'elle contient sont frères, et que leur prédécesseur est leur père.

HISTOIRE DE FRANCE

ALLEVYSÉE.

PREMIÈRE RACE

DITE DES MÉROVINGIENS.

1

Une tour sur laquelle est un *phare*, sur un *mont.*
Le Phare est fait de *marc.*
Il prend les rênes du gouverne-
4 2 0
ment.
En faisant le feu il a les *doigts*
salis.

PHARAMOND.

Fils de Marcomir, prince français.
Est élu en 420.

Loi salique.

2

Un oiseau *chevelu* qui est *clos d'eau*.

On *ignore* d'où il vient.

Il nageait au renouveau.

    4 2   8

Il se *tournait*, se *cambrait* pour regarder ses *amis*.

CLODION, DIT LE CHEVELU.

On ignore son origine.
Monte sur le trône en 428.

Prise de Tournai, de Cambrai, et d'Amiens.

3

Un chameau qui sort de la *mer*.
Il arrive.

    44 8

Arriva-*t-il là* se *battre* dans un mare.

MÉROVÉE.

Fils de Clodion.
Monte sur le trône en 448.

Attila battu dans les plaines de Châlons-sur-Marne.

4

Un miroir dans lequel un homme
se voit un *gilet de riche*.
Satisfait, il chante une roulade.

4 5 6

Fait une *roulade du trône*, et
change son *gilet de riche* contre un *gilet long* en *basin*
(Étudie l'âme).

1 6   5 3

CHILDÉRIC I.

Fils de Mérovée.
Monte sur le trône en 456.

Premier roi détrôné, remplacé par Gillon ; se
réfugie chez Basin. Son tombeau est découvert
en 1653.

5

Sur la chaise, on attache l'enfant avec
un *grand clou à vis*.
Il veut retirer la vis avec un rabot.

4 8 1

Sur la chaise en *soie* avec la vis qui a la
tête en *tôle*, en forme de *crête* de *poule*,
vous le *liez* sur la *bourre* (Rapide).

4 9 6

CLOVIS I, DIT LE GRAND.

Fils de Childéric.
Monte sur le trône en 481.

Bataille de Soissons. Bataille de Tolbiac. Premier roi chrétien. Sainte Ampoule. Bataille de Vouillé. Bourguignons vaincus.

6

Dans le cor de chasse, il se forme du *chyle* qui devient *vert*.

On donne du cor pour exciter la lutte.

5 11

Au *siége* on le *gausse* de ce qu'il ne *rapporte* qu'une *tunique*.

CHILDEBERT.

Fils de Clovis Ier.

Monte sur le trône en 511.

Siége de Saragosse, en rapporte la tunique de S. Vincent.

7

Une canne avec laquelle un homme se promène dans un *clos de terre*.
C'est M. Allevy.

55 8

Avec sa canne il *tue ses deux neveux*, le *troisième se sauve* et s'accroche à un *clou*; plus loin, *brûle une chaumière* qui tombe sur le *crâne de son fils*.

CLOTAIRE I.

Fils de Clovis Ier, et frère de Childebert Ier.
Monte sur le trône en 558.

Assassine ses deux neveux, le troisième nommé Cloud s'échappe. Fait brûler son fils Chramne dans une chaumière.

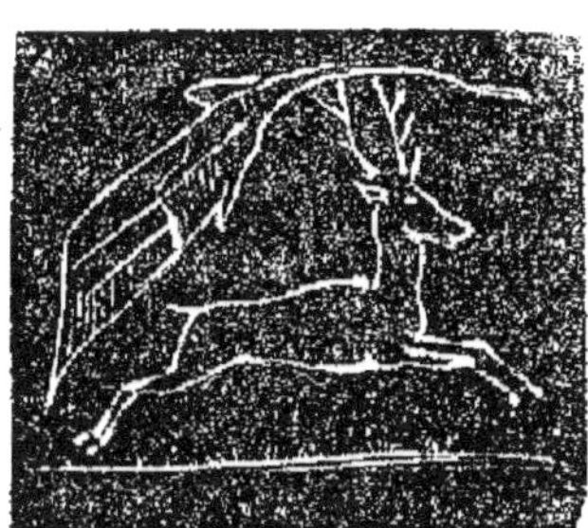

8

Un cerf poursuivi par un ⸱hasseur, il lui jette un *carrick* *vert* (MANTEAU) sur les cornes.
Le cerf est lié à Diane.

5   6 2

Le cerf est couvert de *laine*.

CARIBERT.

Fils de Clotaire Ier.
Monte sur le trône en 562.
Épouse les filles d'un cardeur de laine

9

Un poêlon dans lequel un homme crie : *j'y péris*.
Ce supplice donne une laide idée de lui.

5 6 6

Il *frit*, parce qu'il a *étranglé sa femme Galsuinde*, qui était si *brune*, *meurt* en tombant d'une *échelle*.

CHILPÉRIC I.

Fils de Clotaire Ier et frère de Caribert.
Monte sur le trône en 566.

Épouse Frédégonde, sa femme Galsuinde assassinée. Brunehaut venge sa sœur. Chilpéric assassiné à Chelles.

10

Une tour au milieu d'un cerceau ; un *jeune* enfant y est *clos deux fois*, par la tour et le cerceau.

Etant jeune il faut le lever.

5 8 4

On le lève tout *droit* pour qu'il voie passer à la *brune* le *parlement ambulatoire*.

CLOTAIRE II, DIT LE JEUNE.

Fils de Chilpéric Ier.
Monte sur le trône en 584.

Bataille de Droissy. Mort de Brunehaut. Parement ambulatoire.

11

Les deux tours d'une *forteresse* attaquée par un homme avec *une dague*.

Autour dans les fossés passe le Danube.

6 2 8

Il monte à la tour prendre *des nids* de *l'oie* et y plan-
ter *l'oriflamme.*

DAGOBERT I.

Fils de Clotaire II, dit le jeune.
Monte sur le trône en 628.
Fondation de l'abbaye de **S. Denis. S. Éloi,**
ministre. L'oriflamme.

12

Une tour sur la tête d'un oiseau,
fixée par *deux clous à vis*, un dans
chaque œil.
On lave ses yeux avec de l'eau
de mauve.

6 3 8

La douleur *l'égare ;* il *fait tout le contraire de son*
père.

CLOVIS II.

Fils de Dagobert Ier.
Monte sur le trône en 638.
Éga et Archambauld maires du palais. Fait
découvrir les tombeaux de S. Denis.

Ega,
Ar. . chambauld, } sous Clovis II.

Eb.. roin, sous les trois frères Clotaire III, Childéric II et
Thierri Ier.

Pé. . pin d'Héristal, sous les deux frères Clovis III et Childebert II.

Rain. froi, sous Dagobert II.

Mar.. tel (Charles), sous Clotaire IV, Chilpéric II et Thierri II.

13

Une tour sur un chameau, il se promène dans un *clos de terre,* l'homme
est clos *trois* fois.
Dieu l'aide à porter la tour.
6   5   6
Il le *battit* à coups *légers.*

CLOTAIRE III.

Fils de Clovis II.
Monte sur le trône en 656.
Régence de Bathilde. S. Léger

14

Une tour sur un miroir; l'homme se
plie en *deux* et voit un *gilet de riche*
Son gilet est décousu.
6   7   0
Etant décousu, à coups *légers* on le
bat; car il était *beau.*

CHILDÉRIC II.

Fils de Clovis II et frère de Clotaire III.
Monte sur le trône en 670.

La rivalité de S. Léger et d'Ébroïn. Le seigneur Bodillon battu de verges.

15

Une tour sur une chaise ; un homme monte et n'atteint que le *premier tiers*.

Il donnerait un décime pour parve-
6 7 3
nir en haut.

Il n'y parvient pas parce qu'il n'est pas *léger* et de plus *fainéant ;* il est *pétri* de vice.
6 8 7

THIERRI I.

Fils de Clovis II, frère de Clotaire III et de Childéric II.

Monte sur le trône en 673.

Mort de S. Léger. Premier roi fainéant. Bataille de Testry en 687.

16

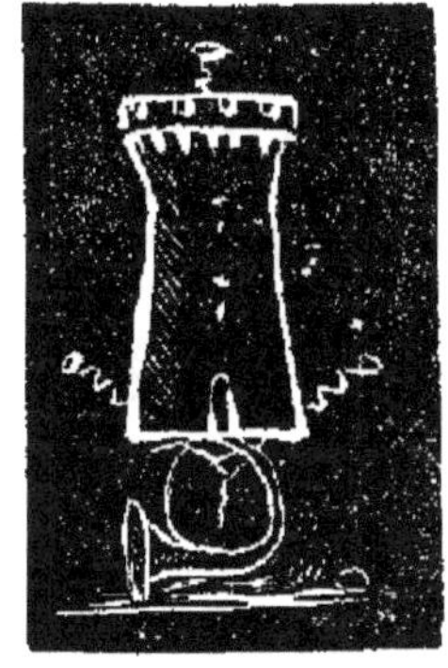

Une tour sur un cor de chasse, tenue par un *clou à vis* de chaque côté, un *troisième* dans le milieu.

La peine que cela a donnée cause du dépit.
6 9 1
Il *suait* de ça.

CLOVIS III.

Fils de Thierri Ier.

Monte sur le trône en 691.

Suèves et Saxons vaincus.

17

Une tour sur la canne; comme elle
est en cuivre, l'homme qui la porte à sa
bouche se fait du mauvais *chyle vert*.
La canne est dépolie.
6 9 5
Cela le *défrise*, car c'est d'un *vil art*.

CHILDEBERT II.

Fils de Thierri Ier, frère de Clovis III.
Monte sur le trône en 695.

Frisons vaincus. Williare défait à la tête
des Allemands et des Suèves.

18

Une tour sur un cerf; sur ce
dernier, un homme est debout et
attaque la tour avec *deux dagues*.
Le chevalier a une cotte de
7 11
mailles.
On fait au chevalier une *plaie*
aux *reins* avec un *marteau*.

DAGOBERT II.

Fils de Childebert II.
Monte sur le trône en 711.

Plectrude, Rainfroy et Charles Martel se disputent le pouvoir.

19

Une tour dans un poêlon ; l'eau bout et fait *clo, clo ;* la tour qui forme la cheminée est en *terre ;* elle est divisée en *quatre.*

Ce qui est dans le poêlon est juteux.

7 1 7

C'est du *vin* du *Rhin* avec le *marteau ;* il le fai *partir.*

CLOTAIRE IV.

On ignore son origine.
Monte sur le trône en **717.**

Rainfroy, vaincu à Vinci par Charles Martel, perd l'autorité.

20.

L'oiseau, dans le milieu du cer-ceau, est pris dans un filet ; il crie : *j'y péris !*

Changez *le p de son nom en d,* vous aurez le nom de son père.

Il dit : **Je toque,** pour couper le filet.

7 1 9

Le filet étant *solide,* il *traite,* ne pouvant *échapper* au *marteau.*

CHILPÉRIC II.

Fils de Childéric II, 14e roi.
Monte sur le trône en 719.

Charles consolide sa puissance par un traité avec Rainfroy.

21

L'oiseau, sur la tour, chante comme une perdrix : *tierrri!!! tierrri!!!*

On menace l'oiseau avec une *dague.*

Il chante parce qu'il voit une bande de canes.

7 2 0

Il mange du *sarrasin* sur la *tour*, dans un *sac;* examine et dit : j'aime ça.

    2   7   3   7

THIERRI II.

Fils de Dagobert II, 18e roi.
Monte sur le trône en 720.

Vainc les Sarrasins entre Tours et Poitiers en 732. Saxons vaincus. Mort de Thierri II en 737.

22

Deux oiseaux qui déchirent un *gilet de riche* aux *trois couleurs.*

Ils croyaient trouver de la carne.

7 42

Ils le déchirent au *quart* et ils le *cassent.*

CHILDÉRIC III.

Fils de Thierri II.
Monte sur le trône en 742.

Carloman s'étant retiré au monastère du Mont-Cassin, son frère Pépin le Bref s'empare de l'autorité.

GÉNÉALOGIE DES 13 ROIS DE LA 2e RACE.

23 Fils de Charles Martel.
24 *
25 *
26 *
27 *
28 *
* 29 Fils de Robert le Fort.
30 Fils posthume du 27e roi, Louis II, le Bègue.
. 31 Fils de Robert le Fort.
. 32 Fils de Richard, duc de Bourgogne.
(1) 33 Fils du 30e roi, Charles III, dit le Simple.
34 *
35 *

EXPLICATION POUR APPRENDRE LA GÉNÉALOGIE DE LA 2e RACE.

Les n⁰ˢ 23, 29, 30, 31, 32 et 33 faisant exception au système, les points de rappels se trouvent dans le livre à leurs numéros respectifs.

Tous les autres numéros portent des astérisques qui

---

(1) Les rois marqués d'un gros point n'appartiennent pas à la famille des Carlovingiens.

indiquent qu'ils sont fils de leurs prédécesseurs. De plus, la position régulière de ces astérisques devient facile à retenir ; il y en a cinq, et ensuite cinq rois qui font exception, et la race termine par deux astérisques.

DEUXIÈME RACE

DITE DES CARLOVINGIENS.

23

L'oiseau, sur la tête du chameau, y vient manger des *pepins* ; c'est une nourriture *brève* (petite).

Frappe sur ses pepins comme avec un *marteau.*

Ayant usurpé, il se met sur la tête un calot au lieu d'une couronne.

751

Il est *trois fois premier,* il n'est pas *long.*

PÉPIN LE BREF.

Fils de Charles Martel.
Monte sur le trône en 751.

Premier roi de sa race, premier roi sacré, premier roi usurpateur. Vainc Astolphe, roi des Lombards et fonde le pouvoir temporel des papes.

24

Un oiseau sur un miroir, poursuivi par un *grand chat.*

L'oiseau a volé un code beau.

7 6 8

On met *vite* l'oiseau dans un *sac* qui est *long,* et on le porte à la *halle.*

Est-ce qu'on *l'occit?* Non, il *capitule* (baisse).

8 00

CHARLEMAGNE.

Fils de Pépin dit le Bref.
Monte sur le trône en 768.

Vainc Witikind, roi des Saxons. Détrône Didier, roi des Lombards. Remporte des victoires en Allemagne et en Espagne. Sacré empereur d'Occident en 800. Capitulaires.

25

Un oiseau sur une chaise, qui tient dans son bec un *louis;* il est bien *débonnaire.*

Il est quelquefois butor.

8 1 4

Étant butor, on *l'emprisonne deux fois,* et on le *partage en trois.*

LOUIS I, DIT LE DÉBONNAIRE.

Fils de Charlemagne.
Monte sur le trône en 814

Partage son empire entre ses trois fils. Ses fils se révoltent et l'emprisonnent deux fois. Nouveau partage à sa mort.

26

L'oiseau se fourre dans le cor de chasse, étant poursuivi par *deux chats :* la peur le rend *chauve.*

Etant chauve il ne peut por ter une bourse.

8 40

Il va au *nord* à la *fontaine d'eau,* entourée de *terre* et *cède* au *poison héréditaire.*

CHARLES II, DIT LE CHAUVE.

Fils de Louis I, dit le Débonnaire.
Monte sur le trône en 840.

Invasion des Normands. Bataille de Fontenai, gagnée sur Lothaire, son frère. Titres rendus héréditaires. Meurt empoisonné par son mé decin Sédécias.

27

Un perroquet sur une canne, il tient *deux louis,* ça l'a rendu *bègue.*

On lui donne du lait de vache, *vacca*

8 77

(en latin).

Etant bègue il dit *trois* fois *jean.*

LOUIS II, DIT LE BÈGUE.

Fils de Charles II, dit le Chauve.
Monte sur le trône en 877.
Sacré par le pape Jean VIII, à Troyes.

28

Une pie sur un cerf, elle a volé une bourse ; d'un côté il y a *trois louis*, de l'autre elle est pleine au *quart*.

Ces deux animaux sont dans un bocage.

8 7 9

Le côté des *trois louis s'use le premier* (il avait fini sa bobine) ; *l'autre* est *déchiré* par un *sanglier* (buveur)

8 8 2   8 8 4

et un *gros chat*.

LOUIS III ET CARLOMAN.

Tous deux fils de Louis II le Bègue.
Montent sur le trône en 879.

Louis III meurt en 882. Carloman est tué à la chasse aux sangliers, en 884. Charles le Gros gouverne la France.

29

La poule dans le poêlon avec ses *œufs*.

La paysanne les met dans sa *robe*.

On les mire avec une vive vue.

8 8 8

Les œufs, on les donne aux *Parisiens assiégés*.

EUDES.

Fils de Robert le Fort, comte de Paris.
Monte sur le trône en 888.

Siége de Paris par les Normands.

30

Un chameau sur un cerceau, pour rendre l'équilibre moins *simple;* il met *trois chats* sur son dos.

En parlant veut aller la *poste,* il *bégaie.*

On lui dit : vogue va te promener.

8 9 8

Il *s'établit* au *nord,* il y *perd* et *meurt* sans *apanage.*

9 2 9

CHARLES III, DIT LE SIMPLE.

Fils posthume de L ois II dit le Bègue.
Monte sur le trô en 898.

Établissement es Normands en France,
Meurt prisonni à Péronne en 929.

31

Un chameau sur la tour, il a froid, on lui met *une robe verte*.

Robert, fils de *Robert*.

On se moque de lui, il donne dans le panneau.

9 22

Il s'accroche dans sa *robe* de *soie*, tombe et se *tue*.

ROBERT I.

Fils de Robert le Fort et frère de Eudes.
Monte sur le trône en 922.

Bataille de Soissons ; Robert y est tué.

32

Le chameau sur l'oiseau, l'écrase et lui fait rendre un *rat* qui *roule*.

Le chameau *bourre* l'oiseau, parce qu'il n'est pas *riche*.

L'oiseau dit : il gêne moi. (Il est

9 2 3

étranger.)

Le rat ronge *l'herbe*, qui *germe* au *nord* dans les *fiefs*.

RAOUL.

Fils de Richard, duc de Bourgogne.
Monte sur le trône en 923.

Guerres contre Herbert et les Normands

L'empereur de Germanie est vaincu. Rend quantité de fiefs héréditaires.

33

Deux chameaux portant *chacun deux louis*, reviennent *d'outre-mer*.

Fils du dernier *Carlovingien.*

Ce roi a faim de régner.

9 3 6

On crie *hue* aux chameaux, comme à des *ânesses* ou des *chevaux.*

LOUIS IV, DIT D'OUTREMER.

Fils de Charles III, dit le Simple, 30e roi.
Monte sur le trône en 936.

Hugues le Grand a toute l'autorité. Etablissement du droit d'aînesse. Meurt d'une chute de cheval.

34

Le chameau sur le miroir y met de la boue, de *l'eau* et de la *terre.*

Ce miroir est dans une belle galerie.

9 5 4

Otons cette boue, ça *empoisonne;* la *reine* ne *l'aime* pas.

LOTHAIRE.

Fils de Louis IV, dit d'Outremer.

Monte sur le trône en 954.

Guerre contre l'empereur Othon. **Meurt empoisonné par sa femme Emme.**

35

Le chameau sur la chaise *a cinq louis* sur le dos ; c'est un *fainéant*.
Il est là qui boude.

9 8 6

Il boude parce qu'il est *empoisonné par sa femme* qui n'est pas *blanche* et ne sera pas *acquittée*.

LOUIS V, DIT LE FAINÉANT.

Fils de Lothaire.
Monte sur le trône en 986.

Dernier roi de la race des Carlovingiens. Meurt empoisonné par sa femme Blanche d'Aquitaine.

GÉNÉALOGIE DES 37 SOUVERAINS DE LA 3e RACE.

36	Fils de Hugues le Grand.	57	Fils de Charles d'Or-léans.
37 *			—
38 *		58	Fils de Charles d'Or-léans.
39 *			
40 *		59 *	
41 *		60 61 62 } 3 frères	
42 *			
43 *			
44 *			—
45 *			
46 *		63	Fils d'Antoine de Bourbon.
47 48 49 } 3 frères.		64 *	
		65 *	
	—	66 *	Arrière-petit-fils.
50	Fils de Charles de Valois.	67 *	Petit-fils du 66*, Louis XV.
51 *		68	
52 *		69	Fils de Bonaparte.
53 *		70 71 }	2 frères. Petits-fils de Louis XV.
54 *		72	Fils de Louis-Phi-lippe.
55 *			
56 *			

EXPLICATION POUR AIDER A L'ÉTUDE DE LA GÉNÉALOGIE

DE LA 3e RACE.

Les numéros 36, 50, 57, 58 et 63 font exception comme premiers Rois des Branches ; de plus les numéros 66, 67, 69 et 72 font encore exception ; les points de rappels se trouveront dans le livre à leurs numéros respectifs. Tous les autres numéros ont des astérisques, excepté la première branche, la quatrième et la cinquième qui ont trois frères pour les terminer.

TROISIÈME RACE

DITE DES CAPÉTIENS.

PREMIÈRE BRANCHE

DITE DE CAPÉTIENS DIRECTS.

36

Un chameau qui joue du cor de chasse, comme il monte un *cap*, on lui crie *hue!*

C'est cette fève-ci qui l'a rendu roi.

9 8 7

Hugues fils de *Hugues.*

Le cor est *de l'or*.

HUGUES CAPET.

Fils de Hugues le Grand.
Monte sur le trône en 987.

S'empare du trône au préjudice de Charles de Lorraine et l'enferme dans une tou⸗ à Orléans.

37

Le chameau sur une canne, faite d'un *pieu* est couvert de *deux robes vertes*.

Un affidé veut le tuer.

9 9 6

Les robes sont à son *gré*, car il est *constant* aux *berthes*.

ROBERT II, DIT LE PIEUX.

Fils de Hugues Capet.
Monte sur le trône en 996.

Le pape Grégoire V le contraint à répudier sa cousine Berthe, il épouse ensuite Constance
Conspiration contre ses jours.

38

Le chameau a peur du cerf : on en *rit*.

Honteux, reste là comme un tas muet.

1 0 3 1

Il a la *constance* de prendre le cerf pour le *diable*.

HENRI I.

Fils de Robert le Pieux.
Monte sur le trône en 1031.

Parvient au trône malgré l'opposition de sa mère Constance, il est aidé par Robert le Diable.

39

Le chameau dans le poêlon y cuit attaché avec *un fil*.

Etant maigre, il n'en reste qu'un tas d'os.

1 0 6 ∩

Il n'est pas *beau,* ses jambes sont comme des *quilles,* elles sont *croisées,* ça ne fait que du *bouillon* (tu es pape).
1   0 9 9

PHILIPPE I.

Fils de Henri I.
Monte sur le trône en 1060.

Régence de Baudouin comte de Flandre. Guerre avec Guillaume le Conquérant. 1ʳᵉ croisade, Godefroy de Bouillon s'empare de Jérusalem en 1099.

40

Un miroir sur un cerceau, lié avec un *gros louis* qu'un *gros* homme *scie.*
Il sera gros toute sa vie.
1   1   0   8

Pour qu'on le *prenne,* il *l'affranchit* et il *rit,* car son idée lui *suggère* d'y mettre *quatre guirlandes* et une *oriflamme,*

LOUIS VI, DIT LE GROS.

Fils de Philippe I.
Monte sur le trône en 1108.

Bataille de Brenneville, perdue contre Henri I, roi d'Angleterre. Louis VI parvient à déjouer les projets de conquêtes de Henri V, empereur d'Allemagne, ligué avec le roi d'Angleterre. Les quatre frères Garlandes et l'abbé Suger sont

ses ministres. Affranchissement des serfs et établissement des communes. L'oriflamme à la têté
de l'armée française.

41

Un miroir sur une tour, dans laquelle
est un *jeune* enfant qui donnerait un *louis*
pour avoir du raisin de ce *cep*.

Dans la tour on brûle du café; tout moka.

1 1 3 7

Il jette son louis dans la *vitre,* il a *deux
croix, ça l'honore.* Tout dupe.

1 1 69

LOUIS VII, DIT LE JEUNE.

Fils de Louis VI, dit le Gros.
Monte sur le trône en 1137.

Guerre contre Thibaut II, comte de Champagne; sac de Vitry. Deuxième croisade. Répudie
sa femme Eléonore. Guerre avec Henri II, roi
d'Angleterre, traité de Montmirail en 1169.

42

Un miroir sur la tête d'un oiseau
tenu par *deux fils.* Il se redresse et
se croit *Auguste.*

Il faut lui dire tout bas.

1 1 8 0

L'oiseau a *trois croix,* déchire *un cœur de lion* et

marche par *terre*, il dit : *ôtons* la *boue* à la *halle* pour la mettre dans ton trou.

1 2 14

PHILIPPE II, DIT AUGUSTE.

Fils de Louis VII dit le Jeune.
Monte sur le trône en 1180.

Philippe II entreprend la troisième croisade avec Richard Cœur de Lion. Guerre avec Jean sans Terre. Bataille de Bouvine, gagnée sur Othon IV, empereur d'Allemagne le 27 juillet 1214. Expédition contre les Albigeois.

43

Dans le miroir le chameau voit qu'on lui a volé ses *louis* pour y mettre des *huîtres;* il est furieux comme un *lion.*

Ton nom vient de ton courage.
1 2 2 3
Il est volé à la *halle* en revenant *d'Angleterre.*

LOUIS VIII, DIT LE LION.

Fils de Philippe II, dit Auguste.
Monte sur le trône en 1223.

Guerre contre les Anglais. Guerre contre les Albigeois.

44

Les deux miroirs sous lesquels il **y** a *cinq louis* pour en faire des *neufs*.
Il y fait chaud on y mettrait ton nid.

1 2 2 6

Il est de *blanche caste*, on *taille* le *Saint*, ce *juste* a *deux croix ;* cette *masse* le *tue*.

LOUIS IX, DIT SAINT LOUIS.

Fils de Louis VIII, dit le Lion.
Monte sur le trône en 1226.

Régence de Blanche de Castille. Batailles de Taillebourg et de Saintes gagnées sur les Anglais. Justice de S. Louis. Quatrième croisade. Revers de la Massoure. Cinquième croisade. S. Louis meurt sous les murs de Tunis.

45

Le miroir sur la chaise est attaché avec *trois fils*, c'est bien *hardi*.
Le miroir tombe et renverse ton jus.

1 2 7 0

Avec *la brosse* il nettoie ; ton vin est

1 2 8 2

donné à la personne qui est *pâle*, c'est un bon *procédé*

PHILIPPE III, DIT LE HARDI.

Fils de Louis IX, dit saint Louis.
Monte sur le trône en 1270.

Labrosse accuse Marie de Brabant. Massacre des Français à Palerme en 1282. Jean Procida est l'auteur du complot.

46

Le miroir et le cor de chasse, comme ils sont *beaux*, on les a pendus dans le salon, *chacun* avec *deux fils*.

C'est trop beau, ils sont le fruit de ton vol.

1 2 8 5

Ayant volé, ses *succès furent courts*, sa *bonne face s'altère*, et dans le *temple*, on lui *brûle les molets.*

PHILIPPE IV, DIT LE BEL.

Fils de Philippe III, dit le Hardi.
Monte sur le trône en 1285.

Guerre en Flandre, batailles de Furnes et de Courtrai. Démêlés du roi avec le pape Boniface VIII. Altération des monnaies. Abolition de l'ordre des templiers. Jacques Molay est brûlé vif.

47

Met le miroir sur la canne pour se raser lui-même, car on lui demandait *dix louis;* il est *hutin.*

Essuie son rasoir sur un tome tiré de

1 3 14

sa bibliothèque.

est *en guerre;* on lui *bourre* un coup dans le *flanc.*

LOUIS X, DIT LE HUTIN.

Fils de Philippe IV, dit le Bel.
Monte sur le trône en 1314.

Enguerrand de Marigny, ministre des finances, est pendu. Mort de Marguerite de Bourgogne. Expédition malheureuse en Flandre.

48

Le miroir sur le cerf, l'homme qui s'y regarde est *ceint* d'un *long fil.*
C'est pour étudier son tome, tome étudié.

1 3   1 6

C'est le tome des *Israélites.*

PHILIPPE V, DIT LE LONG.

Fils de Philippe IV, dit le Bel, et frère de Louis X le Hutin.
Monte sur le trône en 1316.

Les Israélites, accusés faussement, sont persécutés.

49

Un miroir sur un poêlon, pour couvrir *quatre beaux chats* qu'on y fait cuire.

Le tome ennuie les chats.
  1 3   22
On en *guette* d'autres pour les mettre dans le poêlon.

CHARLES IV, DIT LE BEL.

Fils de Philippe IV, dit le Bel, et frère de Louis X, le Hutin, et de Philippe V, dit le Long.
Monte su. le trône en 1322.

Gérard-Laguette, ministres des finances est pendu.

DEUXIÈME BRANCHE

DITE DES VALOIS.

50

La chaise au milieu d'un cerceau, l'enfant joue avec un *fil* à la *scie* et dit *va loi* (ne veut plus s'occuper des lois.)

Son surnom de Valois donne le nom de son père.
Nouvelle branche, tome nouveau.
  1 3 2 8
Il *est doux*, s'entoure du cerceau et ne peut échapper aux *trois fléaux*.
La chaise a *cent ans*, elle est *cassée*, c'est une *scie*, alors on la *cale*.

PHILIPPE VI, DIT DE VALOIS.

Fils de Charles de Valois.
Monte sur le trône en 1328.

Edouard III prétend au trône de France. Guerre de cent ans. Bataille de Cassel gagnée,

Edouard, victorieux au combat naval de l'Ecluse et à la bataille de Crécy, s'empare de Calais. Famine en 1338. Peste en 1348.

51

Une chaise sur une tour; l'homme qui y est assis fait descendre dans la cheminée un *jambon* pour le fumer, avec de la poudre à canon.

Il pose son jambon sur le tome, qui est lésé; tome lésé.

1 3 5 0

La *poudre* c'est *mauvais*, cela cause des *maux* et des *pertes* et le rend *noir*.

JEAN, DIT LE BON.

Fils de Philippe VI de Valois.
Monte sur le trône en 1350.

Invention de la poudre à canon. Conspiration de Charles le Mauvais. Bataille de Maupertuis-Poitiers. Le prince de Galles, surnommé le Prince Noir, fait Jean le Bon prisonnier.

52

L'oiseau sous la chaise est *sage* de s y placer pour se garantir du *chat*, la chaise donne le chiffre *cinq*.

Au sage on donne un tome doré.

1 3 6 4

Le *mauvais chat* sort d'une porte *cochère* et dit · j'en *aurai;* assez *cruel* pour lui faire des *clins* d'œil.

CHARLES V, DIT LE SAGE.

Fils de Jean le Bon.
Monte sur le trône en 1364.

Bataille de Cocherel gagnée sur Charles le Mauvais. Bataille d'Auray. Duguesclin délivre la France des grandes compagnies, s'en sert pour détrôner Pierre le Cruel et le remplace par Henri de Transtamare. Etablissement de la Bibliothèque.

53

Sur le chameau il y a une chaise, sur laquelle est un *chat* qui le *scie,* cela le rend *insensé.*

Etant insensé il jette son tome bas.

1 3 8 0

On le *regente,* on le *bourre* et on l'arrose, car il est *fou; or,* il se ré-*volte court* et *bave.*

CHARLES VI, DIT L'INSENSÉ.

Fils de Charles V, dit le Sage.
Monte sur le trône en 1380.

Régence de ses oncles. Puissance du duc de Bourgogne. Bataille de Rosbec gagnée sur les Flamands. Folie de Charles VI. Assassinat du duc d'Orléans. Faction des Bourguignons et des Armagnacs. Bataille d'Azincourt gagnée par Henri V, roi d'Angleterre. Isabeau de Bavière livre la France aux Anglais.

54

Une chaise sur un miroir, l'homme qui est dessus est *victorieux* de son *chat.*

Il est victorieux à Tournon.

1 42 2

Il est *victorieux* avec son *arc* et *imprime* le mot terres

1 44 0

avec de la *peinture* à *l'huile.*

CHARLES VII, DIT LE VICTORIEUX.

Fils de Charles VI, dit l'Insensé.
Monte sur le trône en 1422.

Jeanne d'Arc délivre Orléans, fait sacrer le roi à Reims, est faite prisonnière à Compiègne et meurt brûlée vive à Rouen. Invention de l'imprimerie par Jean Guttemberg en 1440. Invention de la peinture à l'huile par Jean de Bruges.

55

Les deux chaises chargées de *louis* pèsent plus d'une *once.*

Les louis on les a mis dans une tour, la tour a daté.

1 4 6 1

Les louis c'est le *bien public*, il le *perd*, c'est *téméraire* et *cruel.*

LOUIS XI.

Fils de Charles VII, dit le Victorieux.
Monte sur le trône en 1461.

Ligue du bien public. Louis **XI** à Péronne
Guerre avec Charles le Téméraire. Sa cruauté.

56

La chaise sur le cor de chasse,
l'homme se repose et son *chat* fait
l'affable pour manger ses *huîtres.*

Les huîtres sont empilées en forme
de tour, tour abîmée.

1 4 8 3

Or il s'est *mis là*, est *affable* aux *dames* et aux
Américains (tour finie).

1 4 9 2

CHARLES VIII, DIT L'AFFABLE.

Fils de Louis XI.
Monte sur le trône en 1483.

Révolte du duc d'Orléans pendant la régence.
Expédition pour la conquête du Milanais. Les
dames admises à la cour. Découverte de l'Amérique par Christophe Colomb en 1492.

TROISIÈME BRANCHE

DITE D'ORLÉANS.

57

La chaise sur la canne, le roi qui
y est assis, jette des *louis* à son *peuple,*
il est bien *doux.*

Tient une *clef* en *or* surmontée d'un
chat.

Il craint de tomber sur le pavé, tour pavée.

1 4 9 8

Il s'est *mis là*, et *sème* des *cerises* qui *sont perdues*, non, il *gagna d'elles*, la *foi* et *l'amour du peuple*.

LOUIS XII, DIT LE PÈRE DU PEUPLE.

Fils de Charles d'Orléans et de Marie de Clèves. Monte sur le trône en 1498.

Conquête du Milanais. Batailles de Séminare et de Cérignoles perdues. Bataille d'Agnadel gagnée sur les Vénitiens. Gaston de Foix est tué en triomphant à la bataille de Ravenne. Se fait adorer du peuple.

QUATRIÈME BRANCHE

DITE DES VALOIS D'ANGOULÊME.

58

La chaise sur le cerf est en *franc bois*.

Sur la cnaise, il y a une tête de *chat* en *or* qui fait entendre *sa voix*.

On la place auprès de tel autel.

1 5 1 5

Il s'est *mis là*, il est *marri*, car c'est une *bicoque* en *pavés*, dans laquelle il ne se *bourre* le *bec* que de *cerises*.

FRANÇOIS I, DIT LE PÈRE DES LETTRES.

Fils de Charles d'Orléans et de Louise de Savoie.

Monte sur le trône en 1515.

Conquête du Milanais. Bataille de Marignan gagnée. Bataille de la Bicoque perdue. Bataille de Rébec perdue. François I est vaincu et fait prisonnier à la bataille de Pavie. Mort du connétable de Bourbon au siége de Rome. Bataille de Cérisoles gagnée.

59

La chaise sur le poêlon, l'homme se plie en *deux* pour y faire sa cuisine, on *en rit.*

En se pliant en deux il se frappe dans tel roc.

1 5 4 7

On *en rit,* car à la *messe* à *cinq ans* d'un air *grave,* il se *déguise* avec une *cale* en *fil.*

HENRI II.

Fils de François I.
Monte sur le trône en 1547.

Siége de Metz par Charles-Quint, il est repoussé. Bataille de Saint-Quentin perdue. Bataille de Gravelines perdue. Le duc de Guise s'empare de Calais. Traité avec Philippe II.

60

L'enfant joue avec le cor de chasse et le cerceau, ils sont tous les *deux* en *franc bois.*
Jouant trop, on lui fait peur de tel loup.

1 5 5 9

En jouant il *se tua,* dans ce cas on l'a porté *religieusement.*

FRANÇOIS II.

Fils de Henri, II.

Monte sur le trône en 1559

Ce roi épouse Marie Stuart. Les Guises ont toute l'autorité au préjudice de Catherine de Médicis. Première guerre de religion.

61

Un cor sur une tour, l'homme en joue pour appeler du secours, parce que le *chat* lui déchire ses habits *neufs.*

Il a bon dos. Tel dos.

1 5 6 0

L'habit déchiré, il en *colle* les *loques* avec de la *poix, va* il est de *Jarnac* ce *tour,* aussi cela le *massacre.* Tel Caïn.

1 5 7 2

CHARLES IX.

Fils de Henri II et frère de François II.

Monte sur le trône en 1560.

Colloque de Poissy. Massacre de Vassy. Bataille de Jarnac. Bataille de Moncontour. Massacre de la S. Barthélemy en 1572.

62

Le cor de chasse sur l'oiseau, qui **y** vient chercher *trois* grains de *riz.*

Il vient tel jour.

1 5 7 4

Les *trois Henris se liguent;* cela leur *coûte* la *vie,* car *aux barricades de bois* on les *tue* avec un *maillet,* ce n'est pas *Clément.*

HENRI III.

Fils de Henri II, frère de François II et de Charles IX.

Monte sur le trône en 1574.

Guerre des trois Henris. Sainte Ligue. Bataille de Coutras gagnée par Henri, roi de Navarre. Il perd celle d'Auneau ainsi que celle de Vimori. Journée des barricades. Assemblée des états généraux à Blois. Assassinat des Guises, le duc de Mayenne devient chef de la ligue. Assassinat de Henri III, par Jacq. Clément.

CINQUIÈME BRANCHE

DITE DE BOURBONS.

63

Le cor de chasse sur le chameau, ce dernier vient y manger du *riz* comme *quatre,* car il est bien *grand.*

Le chameau s'en *entonne* et s'en *bourre* parce qu'il le trouve *bon.*

De manger comme quatre cela l'a rendu vif, tel vif.

1 5 8 9

Mange comme quatre et a *l'art* de ne pas être *ivre,* ayant fait le *pari* de se *convertir* à la *fontaine,* il *le dit,* et *sut* que. par *sagesse* il *travailla.*

HENRI IV.

Fils d'Antoine de Bourbon et de Jeanne d'Albret, descend du sixième fils de S. Louis.

Monte sur le trône en 1589.

Bataille d'Arques. Bataille d'Ivry. Siége de Paris. Conversion de Henri IV, Mayenne es vaincu à Fontaine-Française. Édit de Nantes Ministère de Sully, sa sagesse. Henri IV meur assassiné par Ravaillac.

64

Le miroir orné d'un cor de chasse, vaut bien des *louis*, malheureusement il y a un *trait juste* au milieu.

Pour voir si c'est juste au milieu, il *étudie* avec une *toise*, étudie toise.

1 6 1 0

Le miroir, quoique avec un trait *d'encre*, *luit* et avec un *bout* de *châle*, il essuie la *riche roche*, il est *marri* que *l'or* soit sali de *marc*.

LOUIS XIII, DIT LE JUSTE.

Fils de Henri IV.
Monte sur le trône en 1610.

Le maréchal d'Ancre, favori de la régente, Marie de Médicis. Pouvoir momentané d'Albert de Luynes. Richelieu fait monter sur l'échafaud le duc de Bouteville et le comte de Châlais. Prise de la Rochelle par Richelieu. Marie de Médicis meurt en exil. Le maréchal de Marillac a la tête tranchée. Conspiration du duc d'Orléans. Conspiration de Cinq-Mars.

65

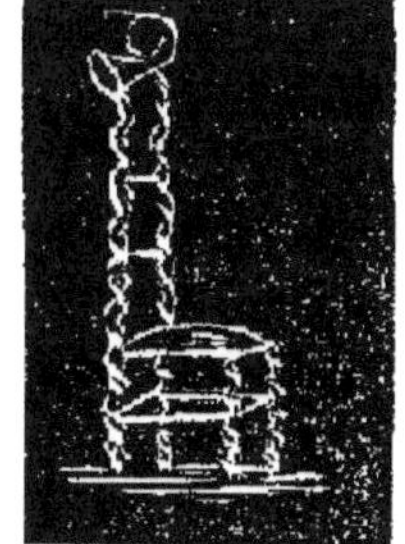

Le cor de chasse qui est sur la chaise sert à l'orner, elle vaut bien des *louis* parce qu'elle a les *quatre pieds torses.*

L'artiste qui l'a sculptée étudie à Rome.

1 6   4 3

Étudie à Rome une *autre masse* de sculpture, il *fronde;* cette *folie* est *pire,* aussi on le *colle,* et *l'ex-révoquée, nie, rit,* et dit *ut ré.*

LOUIS XIV, DIT LE GRAND.

Fils de Louis XIII, dit le Juste.
Monte sur le trône en 1643.

Régence d'Anne d'Autriche. Ministère de Mazarin. Guerre de la fronde. Traité de Westphalie avec l'Allemagne. Paix des Pyrénées avec l'Espagne. Ministère de Colbert. Traité d'Aix-la-Chapelle avec l'Espagne. Révocation de l'édit de Nantes. Paix de Nimègue avec la Hollande. Paix de Riswick. Guerre de la succession d'Espagne; revers, traité d'Utrecht.

66

Il joue avec deux cors de chasse à la fois, cela *grince,* quoiqu'ils vaillent bien des *louis.*

On lui crie *arrière.*

Voulant savoir pourquoi, il les tac l'un contre l'autre et s'aperçoit qu'ils sont en tôle; tac tôle.

1 7 1 5

4

Ils sont en *or* et en *bois*, ornés de *fleurs* qu'il a prises sur *ce tas*, par *terre*, à la *fontaine*, près de la *chapelle* dans un *angle frais à part*.

LOUIS XV, DIT LE BIEN-AIMÉ.

Arrière-petit-fils de Louis XIV, dit le Grand.
Monte sur le trône en 1715.

Regence du duc d'Orléans. Ministère de Dubois. Ministère du cardinal Fleury. Guerre en faveur de Stanislas Leczinski. Guerre contre Marie Thérèse. Bataille de Fontenoy. Traité d'Aix-la-Chapelle. Guerre contre l'Angleterre. Guerre contre le grand Frédéric. Traité de Paris.

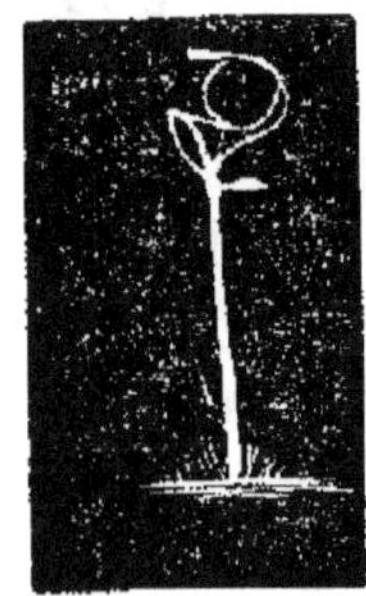

67

Il met le cor de chasse sur la canne, pour avoir *ses aises*, cela vaut bien des *louis*.
Il l'a placé ainsi parce qu'il est *petit*
Pauvre Louis XVI il a fallu t'occire.

1 77 4

Ayant ses aises, il est *indépendant* dans son *angle de terre en équerre*, et *assemblé* pour ce *jeu*, il se *bat avec des ciseaux* dans *l'arène*, *vainc* et gagne *dix sous*.

LOUIS XVI.

Petit-fils de Louis XV, dit le Bien-Aimé.
Monte sur le trône en 1774.

Indépendance de l'Amérique publiée en 1776

Guerre avec l'Angleterre. Ministère de Necker
Révolution. Assemblée nationale. Serment du
eu de Paume. Prise de la Bastille. Insurrection
du 6 octobre. Le roi arrêté à Varennes. Révolte
du 20 juin. Révolution du 10 août.

68

Le cerf entendant le cor de
chasse se sauve, cependant il
n'est pas *repu*.
Le cerf est puni, tac puni.

1 7 9 2

N'étant pas repu, il *envahit* et *mord* la *pierre* qui
sert de *terme*, il peut *dire* qu'elle est *bonne*, il *campe*,
et *gît* là à la *brune ;* il *conçut* au clair de *lune* la *con-
corde* et *l'honneur*.

PREMIÈRE RÉPUBLIQUE.

Commence le 22 septembre 1792.

Invasion de la France. Mort de Louis XVI,
pouvoir de Robespierre. 9 thermidor, directoire.
Victoires de Bonaparte en Italie. Traité de
Campo-Formio. Campagne d'Egypte. 18 bru-
maire. Consulat. Paix de Lunéville. Concordat.
Institution de l'Ordre de la Légion d'honneur.

69

Le cor de chasse dans le poêlon
est mal placé, on met entre une
nanve.

Il a un tube sûr.

1 8 0 4

La nappe est *bonne*.

La nappe, il *l'ôte*, car il est *austère* et *prêt* à *nier*, *na* que *l'os frit* qu'il *cite* l'a *repu ; n'est-ce pas*, cette *ruse* cause des *maux*.

NAPOLÉON I, DIT LE GRAND.

Fils de Bonaparte.
Monte sur le trône en 1804.

Campagne d'Autriche. Bataille d'Austerlitz. Traité de Presbourg. Campagne de Prusse. Bataille d'Iéna, Eylau et Friedland. Paix de Tilsitt. Napoléon répudie l'impératrice Joséphine. Campagne d'Espagne. Campagne de Russie. Bataille de la Moskowa, revers de la France.

70

Il se promène dans son cercle, avec sa canne ornée de la nacre, tirée de *dix huîtres*.

Son tube est tari. Tube tari.

1 8 1 4

Laisse sa *canne cent jours à terre et à l'eau*, c'est du *fer*.

LOUIS XVIII.

Petit-fils de Louis XV, et frère de Louis XVI et de Charles X.
Monte sur le trône en 1814.

Napoléon débarque à Cannes. Gouvernement des cent jours. Bataille de Waterloo. Ferdinand VII est rétabli sur le trône d'Espagne.

71

Avec sa canne sur la tour il chasse *dix chats.*

Il a un tube noir, qui présage sa

1 8 2 4

chute.

Les chats ayant beaucoup de *graisse* on les porte à la *halle.*

CHARLES X.

Petit-fils de Louis XV, frère de Louis XVI et de Louis XVIII.

Monte sur le trône en 1824.

Expédition en faveur de la Grèce. Prise d'Alger.

72

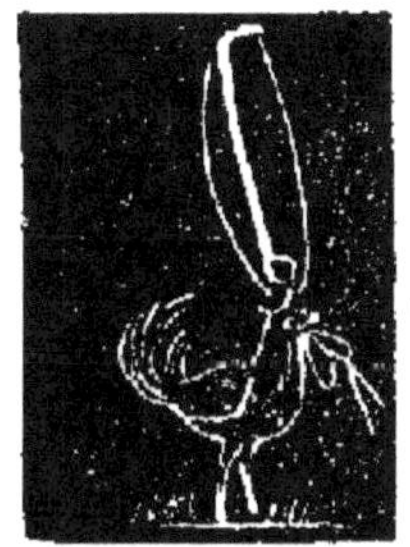

La canne sur la tête de l'oiseau, attachée avec un *louis* et un *fil* d'or.

On l'a *mis* sur le trône, tube mis.

1 8 3 0

Son père porte le *même nom.*

Ce *bel* oiseau est à la *halle.*

LOUIS-PHILIPPE.

Fils de Louis-Philippe d'Orléans.

4.

Monte sur le trône en 1830.

Expédition en Belgique. Guerre en Algérie.

73

L'homme avec sa canne chasse le chameau, car il est *repu.*

Il ne veut pas s'en aller, il **y** est comme *rivé*, tube rivé.

1 8 4 8

DEUXIÈME RÉPUBLIQUE.

Commence en 1848.

Expédition de Rome.

74

NAPOLÉON III.

En 1852, Napoléon prend le titre d'Empereur; il donne une nouvelle constitution.

RÉSUMÉ A APPRENDRE

pour s'initier aux détails de l'histoire.

-o———o-

PREMIÈRE RACE

DITE DES MÉROVINGIENS.

1 Pharamond. 420. — Les Francs, originaires de la Germanie, aident les Gaulois à se révolter contre le joug des Romains.

Ils se joignent aux Belges ; leurs premières conquêtes dans les Gaules sont d'abord peu remarquables.

Pharamond adopte la loi salique : c'est d'un article de cette loi qu'est tirée plus tard la coutume d'exclure les femmes du trône.

2 Clodion. 428 — Malgré la résistance d'Aétius, il parvient à s'emparer des villes de Tournai, de Cambrai et d'Amiens, fait de cette dernière sa capitale et s'y établit.

3 Mérovée. 448. — Mérovée rend son règne illustre par sa victoire sur Attila, roi des Huns, surnommé le Fléau de Dieu. Dans les plaines de Châlons-sur-Marne, il parvient à arrêter les dévastations de ce barbare, en joignant ses efforts à ceux des Romains commandés par Aétius, des Visigoths conduits par Théodoric, et des Bourguignons par Gondicaire.

Son courage lui mérite le privilége de donner son nom à sa race.

4 Childéric I. 456. — Ce roi révolte le peuple par son inconduite ; il est chassé et remplacé par Egidius ou Gillon, général romain. Mais un fidèle serviteur de Childéric, nommé Viomade, parvient à le faire rappeler. Pendant son exil, il s'était réfugié chez Bazin, roi des Thuringiens. Bazine, femme de ce dernier, quitte son époux pour se marier avec Childéric.

Son tombeau est découvert à Tournai en 1653.

5 **Clovis I**, dit LE GRAND. 481. — Bataille de Soissons, gagnée par Clovis sur les Romains; leur pouvoir dans les Gaules est complétement détruit.

Clovis épouse Clotilde, princesse catholique; elle tente en vain sa conversion; ce n'est qu'à la bataille de Tolbiac, contre les Allemands, que voyant son armée plier, il fait vœu d'adorer le Dieu de Clotilde s'il remporte la victoire. Etant vainqueur, il reçoit le baptême, ainsi que trois mille de ses guerriers. Miracle de la sainte Ampoule. 496.

Vainc les Bourguignons.

Bataille de Vouillé, gagnée sur Alaric, roi des Visigoths.

Clovis se montre cruel envers les membres de sa famille, pour assurer sa puissance.

PARTAGE DU ROYAUME DE CLOVIS ENTRE SES QUATRE FILS.

Thierry a Metz, Clodomir Orléans, Childebert Paris, et Clotaire Soissons.

6 **Childebert**. 511. — Malgré ce partage, les rois mérovingiens continuent leurs conquêtes; ils s'emparent de la Bourgogne et se la divisent. Ainsi finit ce royaume qui existait depuis cent vingt ans.

Childebert joint ses troupes à celles de Clotaire contre les Goths, marche en Espagne et assiége Saragosse; les habitants de cettre ville se rachètent du pillage en lui donnant la tunique de saint Vincent; il fait bâtir une église de ce nom et l'y dépose; aujourd'hui Saint-Germain-des-Prés.

7 Clotaire I. 558. — Ce roi assassine ses deux neveux de sa propre main. Le troisième, nommé Clodoald, se réfugie dans un monastère auquel il donne son nom ; d'où est venu celui de la ville de Saint-Cloud. Ce crime le rend maître des Etats de son frère Clodomir.

La mort sans postérité de Childebert et de Théodeald, petit-fils de Thierry, rend Clotaire maître de ⸱te la France.

Son fils Chramne s'étant révolté contre lui, il a la barbarie de l'enfermer dans une chaumière, et l'y fait brûler avec toute sa famille.

Il meurt poursuivi par les remords de ses crimes.

PARTAGE DU ROYAUME DE CLOTAIRE ENTRE SES QUATRE FILS.

Sigebert a l'Austrasie ; Chilpéric, Soissons ; Caribert, Paris et l'Aquitaine ; Gontran, Orléans et la Bourgogne.

8 Caribert. 562. — Ce roi répudie sa première femme Ingoberge, pour épouser successivement deux sœurs, Maroflède et Marcovelde, filles d'un cardeur de laine. Malgré l'excommunication de saint Germain, évêque de Paris, il épouse la fille d'un pâtre, nommée Théodéchisilde.

9 Chilpéric I. 566. Roi d'une horrible conduite ; pour épouser Frédégonde, il fait étrangler sa femme Galsuinde. Brunehaut, sœur de cette princesse, excite son mari Sigebert à la venger ; ce prince envahit la Neustrie ; victorieux de Chilpéric, il allait être élevé sur le pavois lorsqu'il est assassiné par les ordres de Frédégonde.

Brunehaut, à la tête des Austrasiens, est continuellement malheureuse dans ses expéditions ; les circonstances la rendent criminelle, tandis que Frédégonde, digne épouse de Chilpéric, le Néron de la France, n'a pas même cette raison pour couvrir ses crimes : elle accumule assassinat sur assassinat, fait mourir les deux fils de Chilpéric pour assurer le trône à ses enfants, et en vient jusqu'à armer d'un poignard la main de Landry, son favori, pour assassiner son mari Chilpéric; il est frappé au château de Chelles, à son retour de la chasse.

10 Clotaire II, dit LE JEUNE. 584. — Frédégonde est déclarée régente de Neustrie pendant la minorité de son jeune fils, malgré Childebert, roi d'Austrasie, fils de Sigebert, qui aurait voulu venger la mort de son père; plus tard, il attaque Frédégonde près de Droissy; mais il est défait. Frédégonde meurt victorieuse de ses ennemis.

Clotaire a d'abord peu de succès, et Brunehaut, poursuivant sa vengeance, allait l'attaquer, lorsqu'il parvient à s'emparer d'elle et de ses quatre petits-fils, les fait mourir; sa tante, septuagénaire, est attachée à un cheval indompté qui la met en pièces.

Ce roi donne un Code à la France et institue les parlements ambulatoires.

11 Dagobert I. 628. — Se montre d'une grande sagesse, rend la justice et fait réviser sous ses yeux les anciennes lois.

Il était fastueux et prodigue. Saint Eloi, son ministre des finances, se fait remarquer par ses ouvrages d'orfévrerie; nous citerons entre autres la châsse de sainte Geneviève.

Fonde l'abbaye de Saint-Denis, ainsi que l'église qui fut ensuite destinée à la sépulture des rois.

L'oriflamme à Saint-Denis.

12 Clovis II. 638. — De Clovis date la nullité des rois mérovingiens et le pouvoir des maires du Palais. Ega, appelé à cette fonction, se fait aimer par la bonté de son gouvernement; Archambaud lui succède.

Sigebert II, roi d'Austrasie, frère de Clovis, étant mort, le maire Grimoald fit monter son propre fils sur le trône; les seigneurs austrasiens ne purent souffrir cette usurpation et le l'vrèrent à Clovis qui le fit mourir Ce dernier réunit, par là, toute la France sous son sceptre.

Ce roi se montre charitable ; il distribue ses trésors pendant une famine et fait découvrir les tombeaux des rois, que son père avait ornés de lames d'or et d'argent, pour en donner le produit aux pauvres.

13 **Clotaire III.** 656. — Ce roi, nul par lui-même à cause de son jeune âge, a pour régente sa mère Bathilde.

Ebroïn, homme ambitieux, est nommé maire du palais ; il suscite tant d'embarras à la régente, qu'elle se retire dans l'abbaye de Chelles, avec le regret de n'avoir pu faire parvenir saint Léger à la mairie.

14 **Childéric II.** 670. — La rivalité de saint Léger et d'Ebroïn, commencée sous Clotaire III, éclate de nouveau à la mort de ce prince.

Ebroïn met sur le trône Thierri, frère de Clotaire III, tandis que saint Léger profite de cette circonstance pour représenter aux seigneurs qu'il n'agissait ainsi qu'afin de s'aider de sa jeunesse pour régner despotiquement, et les engage à offrir le trône à Childéric, roi d'Austrasie, qui l'accepte. Dans la guerre qui s'ensuivit, Ebroïn en est réduit, ainsi que Thierri, à se réfugier dans un cloître.

Malgré les services rendus par saint Léger, cet évêque tombe en disgrâce ; pour préserver ses jours, il est forcé de se réfugier dans le même monastère qu'Ebroïn.

Ce roi commet tant d'excès, que le seigneur Bodillon se croit obligé de lui faire des remontrances. Childéric le fait battre honteusement de verges. Ce seigneur s'en venge en faisant assassiner toute la famille royale, à l'exception d'un de ses fils, nommé Daniel, qui monte sur le trône sous le nom de Chilpéric II.

15 **Thierri I.** 673. — Ebroïn, au lieu de placer Thierri sur le trône, y porte un fils supposé de Clotaire III. Saint Léger, au contraire, s'attache à Thierri ; ces deux factions rivales et également fortes en vien-

nent aux mains; saint Léger, vaincu, a les yeux crevés et les lèvres coupées; il est ensuite assassiné. Cependant le maire du palais maintient Thierri sur le trône.

Révolte des grands en Austrasie contre Ebroïn qui voulait abaisser leur pouvoir; ce maire du palais meurt assassiné. Les Austrasiens mettent à leur tête Pépin le Gros ou d'Héristal, qui est victorieux de Thierri à la bataille de Testry. Il gouverne la France sous le titre de maire. 687.

16 Clovis III. 691.— Pépin d'Héristal place ce roi sur le trône, gouverne la France avec sagesse, et sait la faire respecter.

Vainc les Suèves et les Saxons qui s'étaient révoltés.

17 Childebert II, dit LE JEUNE. 695. — Continuation du bon gouvernement de Pépin d'Héristal, il vainc les Frisons qui s'étaient révoltés.

Williare ayant voulu secouer le joug à la tête des Allemands et des Suèves, est forcé de se soumettre.

Childebert mérite le surnom de juste à cause de la sagesse de ses décisions.

18 Dagobert II. 711. — Pépin d'Héristal place Dagobert sur le trône et conserve toute l'autorité. A sa mort, Plectrude, sa femme, gouverne sous le nom de son petit-fils; mais craignant l'ambition de Charles Martel, fils d'Alpaïde et de son mari, elle le fait enfermer. Les Français se révoltent, nomment Rainfroy maire, et délivrent Charles, qui est proclamé duc et prince d'Aquitaine. Dagobert étant mort. Rainfroy et Charles se disputent le pouvoir.

19 Clotaire IV. 717. — Charles place ce roi sur le trône, tandis que Rainfroy cherche à y faire parvenir Chilpéric, qu'il avait tiré du monastère. Les deux rivaux se rencontrent à Vinci et à Soissons : Rainfroy est vaincu et son roi détrôné, cependant il parvient à remonter sur le trône à la mort de Clotaire IV, ac-

ceptant des mains de Charles une couronne sans puissance.

20 Chilpéric II. 719. — Charles consolide sa puissance en traitant avec Rainfroy, auquel il donne .'Anjou ; ensuite avec Plectrude, qui accepte des terres en
Austrasie ; et se montre aussi très-libéral envers ses
troupes.

Chilpéric, faible de caractère, aurait pu faire un bon
roi dans des circonstances meilleures.

21 Thierri II. 720. — Ce roi, d'une nullité complète, est tiré du cloître par Charles Martel qui, conser-
vant toute l'autorité, porte son nom à la plus haute
gloire par ses actions guerrières.

Les Sarrasins ayant pénétré en France, conduits par
Abdérame, khalife de Cordoue, Charles Martel vole
pour arrêter ce torrent de barbares ; les Français et les
Sarrasins en viennent aux mains entre Tours et Poitiers ; les infidèles sont vaincus, et Abdérame tué
en 732.

Soumet plusieurs fois les Saxons et les Frisons.

Thierri II meurt en 737. Charles Martel juge inutile
de placer un nouveau roi sur le trône, et gouverne la
France, sous le titre de maire, pendant un interrègne de
5 ans.

22 Childéric III. 742. — Pépin ainsi que son frère
Carloman continuent les exploits de leur père, soumet-
tent de nouveau les Saxons et remportent des victoires
sur les Sarrasins.

Carloman s'étant retiré au monastère du Mont-Cassin,
Pépin parvient à s'emparer de toute l'autorité, et,
s'appuyant de la réponse du pape Zacharie, qui avait
déclaré que celui qui gouvernait devait être roi à la
place de celui qui ne l'était que de nom, il fait raser
Childéric, l'enferme dans le couvent de Saint-Omer, et
usurpe la couronne.

Ainsi se termine la première race, dite des Mérovin
giens, qui compte 22 rois et dure 331 ans

DEUXIÈME RACE

DITE DES CARLOVINGIENS.

23 Pépin, dit LE BREF. 751. — Continue la protection que son père Charles Martel avait donnée au pape. Etienne II étant venu demander du secours à Pépin le Bref contre les Lombards, celui-ci profite de sa présence en France pour se faire sacrer et augmenter son pouvoir par cette cérémonie.

Astolphe, roi des Lombards, est vaincu par Pépin, qui cède au Pape Ravennes et Rome, et fonde ainsi le pouvoir temporel.

Ce roi repousse les Sarrasins et les Saxons, et vainc Waifre, duc d'Aquitaine, après une guerre de neuf ans.

24 Charlemagne. 768. — Grand conquérant ; victorieux dans cinquante et quelques batailles où il commandait en personne. La plus longue et la plus remarquable de ces guerres est celle contre les Saxons, qu'il ne parvient à soumettre qu'après 33 ans de combats ; Witikind, leur général, embrasse le christianisme.

Détrône Didier, roi des Lombards, et consolide le pouvoir temporel des papes, en confirmant la donation de son père.

Est victorieux en Allemagne et en Espagne.

Il est déclaré empereur d'Occident en 800.

Son empire se composait de toute l'ancienne Gaule, l'Espagne jusqu'à l'Èbre, et une grande partie de l'Italie et de l'Allemagne.

Grand législateur, il est auteur des Capitulaires, lois célèbres qu'il sut faire respecter.

Accorde une grande protection aux arts et aux lettres, et fonde les écoles publiques.

25 Louis Ier, dit LE DÉBONNAIRE. 814. — Partage de son vivant le vaste empire, fruit des conquêtes de Charlemagne, entre ses trois fils, Lothaire, Louis le Germanique et Pépin.

Son neveu Bernard, roi d'Italie, s'étant révolté, il lui fait crever les yeux.

Louis le Débonnaire ayant épousé Judith, a un quatrième fils, nommé Charles, il lui donne un royaume, ce qui amène la révolte de ses autres enfants, qui l'enferment dans un cloître. Étant parvenu à ressaisir son autorité, il punit ses fils, qui se révoltent de nouveau et le font déposer.

Lothaire s'étant fait déclarer empereur, ses frères jaloux délivrent leur père, qui remonte sur le trône; Pépin, étant mort, ses enfants sont frustrés en faveur de Charles le Chauve; Louis le Germanique n'ayant pas eu part à ce partage, se révolte. Louis le Débonnaire meurt en marchant pour combattre ce fils rebelle.

26 Charles II, dit LE CHAUVE. 840. — Dans le commencement de ce règne, l'empereur Lothaire, sous prétexte de protéger son frère, cherchait à s'emparer de ses États; il est vaincu à la bataille de Fontenay, où cent mille hommes sont tués.

La guerre n'en continue pas moins entre les trois frères, pour le partage de l'empire.

Charles le Chauve, pour engager les seigneurs dans son parti, rend quantité de fiefs héréditaires, ce qui augmente le pouvoir féodal à un tel point, qu'on peut compter, à partir de ce règne, l'affaiblissement de l'autorité des rois carlovingiens.

Les Normands, profitant de ces guerres, pillent et ravagent la France. Charles, au lieu de les combattre, achète la paix à prix d'or en plusieurs circonstances; ce qui augmente leur ardeur à la dévastation.

Ce roi meurt empoisonné par son médecin, Sédécias, en repassant les Alpes à son retour d'une expédition en Italie.

27 Louis II, dit LE BÈGUE. 877. — Les grands du royaume lui font d'abord quelque opposition, mais il parvient cependant à monter sur le trône. Il est sacré à Troyes par le pape Jean VIII, qui s'était réfugié en

France, à cause des troubles qui agitaient l'Italie.

28 Louis III et Carloman. 879. — Ces deux frères règnent en bonne intelligence. Ils se soutiennent avec peine contre les prétentions et les usurpations des grands de la couronne; de plus ils ont à combattre les Normands, qui font de grands ravages en France.

Louis III meurt le premier en 882, Carloman meurt deux ans après à la chasse aux sangliers, 884. Etant morts sans enfant, Charles le Gros, empereur d'Allemagne, est appelé à régner sur la France ; mais il est incapable de gouverner un empire aussi étendu que celui de Charlemagne ; il laisse la France en butte aux dévastations des Normands.

Ces barbares assiégent Paris, qui est défendu par Eudes. Charles le Gros, au lieu de l'aider, achète la paix. Jugé indigne de gouverner, il est déposé ; la couronne est donnée à Eudes, au préjudice de Charles le Simple, fils de Louis II le Bègue.

29 Eudes. 888. — Il parvient, dans la première année de son règne, à remporter de grandes victoires sur les Normands.

Plus tard, une faction s'élève contre lui en faveur de Charles III le Simple; d'abord victorieux, il est ensuite forcé de partager son royaume avec lui. Il meurt un an après, laissant son compétiteur seul possesseur de la France.

30 Charles III, dit LE SIMPLE. 898. — Charles, pour parvenir à arrêter les pillages des Normands, érige la Neustrie en duché, et la donne à Rollon, leur chef, qui, ayant embrassé le christianisme, épouse Gisèle, fille du roi de France.

Les grands, mécontents de la confiance qu'il accorde à son ministre Haganon, se révoltent, lui reprochent de s'être allié avec les barbares (cependant cette alliance fut très-avantageuse à la France), et le forcent à renvoyer son favori. A cette condition ils s'engagent à lui continuer encore pendant un an leur obéissance. Charles, pendant ce temps, ressaisit le pouvoir, lève une armée et marche contre Robert, qui, s'étant fait sacrer roi à Reims, était à la tête des mécontents.

Les deux compétiteurs se rencontrent à Soissons; Robert est tué, mais son fils, Hugues le Grand, est victorieux.

Charles le Simple meurt à Péronne, prisonnier de Herbert, comte de Vermandois, en 929.

31 Robert Ier. 922. — Nous avons vu l'histoire de ce prince sous le règne précédent, nous ferons simplement remarquer qu'il est le seul roi de France mort sur le champ de bataille.

32 Raoul. 923. — Ce roi soutient des guerres continuelles, tantôt contre Herbert, tantôt contre les Normands. La principale est celle qu'il gagne contre l'empereur de Germanie; et parvient dans cette dernière à recouvrer la haute Lorraine.

Pour se maintenir sur le trône et s'attacher les grands, il confirme l'hérédité des fiefs.

33 Louis IV, dit d'OUTREMER. 936. — A la mort de Raoul, les grands vont en Angleterre porter la couronne de France à Louis d'Outremer, qui s'y était réfugié avec sa mère Ogine, femme de Charles le Simple, auprès du roi Adelstan, frère de cette princesse.

Hugues le Grand, son ministre, a toute l'autorité.

Louis ayant entrepris de dépouiller le jeune Richard, fils de Rollon, duc de Normandie, se joint à Hugues le Grand; mais il survient des différends entre eux, le roi de France est fait prisonnier par les Normands, qui s'entendaient avec le comte de Paris.

La France, continuellement en proie à la guerre civile, obtient quelques moments de tranquillité, par l'intermédiaire du pape Agapet II et de l'empereur Othon.

Établissement du droit d'aînesse.

Louis IV meurt d'une chute de cheval à la chasse aux oups.

34 Lothaire. 954. — Hugues le Grand, son oncle, aide à monter sur le trône.

Charles, frère de Lothaire, obtient de l'empereur Othon II la basse Lorraine ; le roi de France, craignant cet accroissement de force de son frère, attaque l'empereur Othon, qui refusait de lui rendre cette province et le surprend à Aix-la-Chapelle. L'empereur n'a que le temps de se sauver ; il s'en venge en ravageant la Champagne, il vient camper à Montmartre pour attaquer Paris : « Je veux, disait-il, faire chanter ici un Alléluia qui s'entende de Notre-Dame. » Forcé de se retirer, Hugues-Capet et Lothaire le poursuivent ; cependant Charles conserve la Lorraine.

Ce roi meurt empoisonné par sa femme Emme.

35 Louis V, dit LE FAINÉANT. 986. — Il épouse Blanche d'Aquitaine, qui est accusée d'avoir empoisonné son mari, après un règne de quinze mois.

Étant mort sans enfant, la couronne revenait à Charles de Lorraine, frère de Lothaire.

TROISIÈME RACE

DITE DES CAPÉTIENS.

36 Hugues-Capet. 987. — Il s'empare de la couronne au préjudice de Charles de Lorraine, oncle de Louis V le Fainéant.

Ayant réprimé d'abord une révolte en Guyenne pendant ce temps, Charles, son compétiteur, entre en France à la tête d'une armée pour réclamer le trône, et s'empare de la ville de Laon. Hugues-Capet ayant marché contre lui est d'abord vaincu, mais son rival lui est livré par trahison, et il l'enferme dans une tour à Orléans, où il termine ses jours.

Hugues-Capet s'affermit sur le trône en laissant aux seigneurs le droit d'hérédité dans leurs fiefs, se contentant de l'hommage.

37 Robert II, dit LE PIEUX. 996. — Robert ayant

épousé Berthe de Bourgogne, sa cousine, le pape Grégoire V lui ordonne de se séparer de cette princesse; s'y étant refusé, il est excommunié, et la France mise en interdit. Robert résiste pendant trois ans, mais craignant de voir ses peuples se révolter, il répudie sa première femme, et se remarie avec Constance, femme d'un caractère impérieux.

Réunion de la Bourgogne à la couronne.

Robert refuse le trône d'Italie, craignant la guerre qu'il pouvait lui nécessiter.

Ce prince pardonne à des conspirateurs qui avaient voulu l'assassiner, les renvoyant après les avoir fait communier, disant : « qu'il ne pouvait faire mourir » ceux que Dieu avait admis à sa sainte table. »

Invention de la musique à plusieurs parties, et de la gamme jusqu'au la, par Gui, moine d'Arezzo.

Construction de Saint-Germain-l'Auxerrois.

38 Henri Ier. 1031. — La couronne lui est disputée par sa mère, Constance, qui voulait lui opposer Robert, son frère cadet. Mais Henri Ier, aidé par Robert le Diable ou le Magnifique, duc de Normandie, parvient bientôt à s'emparer du trône; il donne cependant la Bourgogne à son frère.

Henri se montre reconnaissant en se déclarant en faveur de Guillaume, duc de Normandie, auquel on disputait le droit d'hériter de Robert le Diable, son père, à cause de son illégitimité. Cependant plus tard, il y eut altercation entre les deux amis, et même guerre.

Établissement de la trêve du Seigneur, dans le but de parvenir, par cette suspension, à diminuer le nombre de meurtres qui se commettaient; Philippe, dit Auguste, et saint Louis établirent, dans la même intention, la quarantaine du roi.

39 Philippe Ier. 1060. — Régence de Baudouin, comte de Flandre; il gouverne avec sagesse, c'est lui qui fournit à Guillaume le Conquérant le moyen de se rendre maître du trône d'Angleterre; plus tard, Philippe, dans les querelles qui s'élevèrent entre Guillaume

et son fils Robert, au sujet de la Normandie, soutint c
dernier, ce qui amena la guerre entre ces deux mo-
narques; le roi de France l'envenima encore, en se
moquant de l'embonpoint du roi d'Angleterre. Irrité, il
fondit en furieux sur la France ; mais l'ardeur qu'il mit
à combattre au siége de Mantes lui amena une maladie
dont il mourut.

La France est longtemps troublée par l'excommunication que le roi encourt en épousant Bertrade de
Montfort, femme du comte d'Anjou, qu'il avait enlevée.

Première croisade, prêchée par Pierre l'Hermite.
Elle avait pour but de délivrer les Lieux saints des
infidèles, qui persécutaient les chrétiens quand ils y
allaient en pèlerinage. Le pape Urbain, touché des ré-
cits pathétiques de Pierre l'Hermite, exhorte, au concile
de Clermont, les seigneurs à s'enrôler pour cette expédition.

Godefroy de Bouillon est placé à la tête de l'armée
des croisés, qui ne comptait pas moins de six cent
mille hommes; après bien des batailles, il parvient à
s'emparer de Jérusalem en 1099, et en est nommé roi.

Les résultats et les coutumes aménés par ces guerres
lointaines furent : les armoiries, la création des ordres
religieux et militaires des Templiers, des chevaliers de
Saint-Jean et Teutoniques; elles diminuèrent la féodalité, en emmenant au loin les seigneurs qui portèrent
hors du royaume ce désir incessant de combattre; de
plus, leurs biens furent achetés par les rois. Les serfs
affranchis et émancipés formèrent le tiers état. Le commerce s'en augmenta aussi, car les Français s'habituè-
rent à aller chercher eux-mêmes les marchandises qu'ils
recevaient auparavant des Vénitiens et des Génois.

40 Louis VI, dit LE GROS. 1108. — Louis VI a des
guerres à soutenir pendant tout son règne; la première
est contre ses vassaux, qui s'étaient ligués contre lui;
mais son courage sait bientôt en triompher.

La seconde est dirigée contre Henri Ier, roi d'Angleterre, pour le forcer à rendre la Normandie au fils de

Robert. La bataille de Brenneville, qui en est l'action la plus remarquable, est perdue pour Louis VI; il manque même d'y être fait prisonnier.

Plus tard, le roi d'Angleterre se ligue avec Henri V, empereur d Allemagne, pour attaquer le roi de France. Celui-ci rassemble une armée de deux cent mille hommes, fournis par tous les vassaux qui s'étaient réconciliés pour combattre l'ennemi commun. Mais les deux Henri, qui ne s'attendaient pas à une résistance aussi forte, se retirèrent sans combattre.

Louis VI gouverne avec sagesse, par les conseils des quatre frères Garlandes et de l'abbé Suger, ses ministres.

On peut regarder ce règne comme une époque remarquable, à cause de l'affranchissement d'une quantité de serfs et de l'établissement des communes.

L'oriflamme devient, à compter de ce roi, l'étendard de la France.

41 Louis VII, dit LE JEUNE. 1137. — La guerre la plus remarquable est celle qu'il entreprend contre Thibaut II, comte de Champagne. Il ravage le domaine de ce seigneur; furieux de la résistance de Vitry, il met le feu à l église de cette ville ; plus de treize cents personnes qui s'y étaient réfugiées y furent brûlées ; pénétré de l'énormité de ce crime, il cherche à l'expier en entreprenant la deuxième croisade qui avait été prêchée par saint Bernard. Louis VII n'obtint aucun succès, à cause de l'imprévoyance des chefs et la mauvaise volonté des empereurs grecs.

Le roi de France, à son retour, trouva la France florissante, gouvernée par l'abbé Suger, qu'il honora du titre de père de la patrie.

Ce roi répudie sa femme Éléonore, et lui rend la Guienne. le Poitou, la Gascogne et la Biscaye, qu'elle lui avait apportés en dot. Cette princese s'étant remariée avec Henri II, roi d'Angleterre, rend ce dernier dangereux par sa puissance. La guerre ne tarde pas à se déclarer entre Louis VII et Henri II. Elle se termine par le traité de Montmirail, 1169. Construction de Notre-Dame de Paris.

42 Philippe II, dit AUGUSTE. 1180. — Le comte de Champagne et le comte de Flandre se disputent la régence. Philippe II, âgé de quinze ans, repousse toute tutelle, les vainc, s'empare du Vermandois et de l'Artois; de plus, il fait une descente en Angleterre pour se venger de Henri II, qui excitait continuellement des troubles en France.

Richard Cœur de Lion et Philippe Auguste se réconcilient à l'occasion de la croisade qu'ils entreprennent contre Saladin, et partent pour la Palestine. Mais le roi de France, malade et ne pouvant supporter la conduite hautaine de son allié, revient en France prévoyant le peu de succès de cette expédition.

Jean sans Terre, aidé par Philippe II, s'empare du trône d'Angleterre et le conserve en faisant prolonger la captivité de son frère Richard Cœur de Lion qui avait été fait prisonnier en traversant l'Allemagne à son retour de la croisade.

Quelque temps après, Richard, rendu à la liberté, pardonne à son frère et attaque le roi de France, qui s'était emparé du Vexin et d'une partie de la Normandie; il le vainc à Fréteval, mais une trêve est signée pendant laquelle Richard meurt.

Jean sans Terre ayant assassiné de sa propre main son neveu Arthur de Bretagne, qui lui disputait la couronne, Philippe-Auguste le fait condamner à mort et s'empare de la Normandie, de l'Anjou, de la Touraine, du Maine et du Poitou.

L'empereur Othon IV et le comte de Flandre, craignant cet accroissement de puissance, entrent en France à la tête d'une armée de 150,000 hommes, Philippe marche contre eux et gagne la célèbre bataille de Bouvines, le 27 juillet 1214.

Les Anglais se révoltent contre Jean sans Terre. Louis VIII le Lion passe en Angleterre, et après plusieurs victoires est nommé roi à sa place: mais à la mort de Jean sans Terre, Henri III, son fils, est placé sur le trône par les grands, et Louis VIII forcé de revenir en France.

Une croisade entraîne encore les Flamands et les Français ; mais détournés de leur but, les croisés s'emparent de Zara pour les Vénitiens, et font ensuite la conquête de Constantinople, dont Baudouin, comte de Flandre, est nommé empereur.

Une autre expédition dirigée contre les hérétiques albigeois, prend encore ce nom ; elle déchire le midi de la France par toutes les horreurs d'une guerre de vengeance ; le fils de Philippe-Auguste. envoyé contre eux, en revient victorieux.

Paris est pavé et entouré de murailles.

43 Louis VIII, dit LE LION. 1223. — Fait la guerre à l'Angleterre comme son père, mais elle est interrompue par une nouvelle croisade contre les Albigeois ; elle n'obtient aucun succès, son armée est décimée par une épidémie dont il mourut lui-même.

44 Louis IX, dit SAINT LOUIS. 1226. — Régence de Blanche de Castille ; sa fermeté et sa sagesse la font triompher de toutes les tentatives des grands qui espéraient profiter de la minorité de ce roi pour accroître leur puissance par la révolte.

Saint Louis se distingue par son courage, et vainc aux batailles de Taillebourg et de Saintes le roi d'Angleterre, qui était venu au secours du comte de la Marche.

Ayant fait vœu d'aller en Terre-Sainte, il entreprend la quatrième croisade, s'empare de Damiette ; mais les revers de la bataille de la Massoure le forcent à la retraite ; son armée est décimée par la maladie et bientôt le roi lui-même tombe au pouvoir des infidèles. Il se fait admirer par sa touchante résignation dans l'adversité. Traite avec les Sarrasins et rend la ville de Damiette pour sa rançon.

Mort de Blanche de Castille. Retour de saint Louis dans ses États, il gouverne avec sagesse et se fait remarquer par le soin qu'il prend pour rendre la justice,

Après quinze ans de paix, entreprend une nouvelle croisade et dirige ses efforts contre Tunis ; la peste détruit une grande partie de son armée, il en est atteint lui-même, sous les murs de cette ville, et meurt en donnant l'exemple des plus grandes vertus.

Ce fut sous ce règne que Charles d'Anjou, frère de saint Louis, s'empara de la Sicile.

45 Philippe III, dit LE HARDI. 1270. — Après la mort de son père, fait un traité honorable avec les infidèles et revient en France ; cette croisade fut la dernière. Ces expéditions diminuèrent la féodalité, mais les sciences, les lettres et le commerce en obtinrent un grand accroissement.

Marie de Brabant, femme de Philippe III le Hardi, est accusée par le chambellan Labrosse d'avoir empoisonné le fils issu du premier mariage du roi ; son innocence est reconnue et son accusateur puni.

Vêpres Siciliennes, ou massacre de huit mille Français à Palerme : Charles d'Anjou excite cette révolte par sa tyrannie ; Jean Procida était l'auteur du complot. 1282.

Philippe III attaque le roi d'Aragon, auquel les Siciliens s'étaient donnés, n'obtient aucun résultat et meurt avant de terminer cette expédition.

46 Philippe IV, dit LE BEL. 1285. — Met fin à la guerre d'Aragon.

Guerre avec l'Angleterre ; Philippe est victorieux en Guyenne et d'un autre côté la bataille de Furnes le rend maître de la Flandre ; quelque temps après la tyrannie des gouverneurs qu'il y laisse, amène une révolte à Bruges. les Français y sont massacrés.

Robert d'Artois veut les venger, mais il est vaincu et tué à la bataille de Courtray.

L'altération des monnaies cause une sédition à Paris, elle est bientôt apaisée, et le roi marche contre les Flamands, qui sont vaincus à Mons-en-Puelle.

Démêlés avec le pape Boniface VIII ; l'excommunication qu'il avait lancée contre le roi de France, n'est levée que par son successeur Benoît XI.

Clément V, dont l'élection avait été appuyée par Philippe le Bel, l'aide à abolir l'ordre des Templiers, dont l'immense richesse et le grand accroissement devenaient redoutables; la plupart périssent dans les tortures. Jacques Molay, leur grand maître, est brûlé vif.

Établissement du jubilé. Les parlements deviennent sédentaires.

47 Louis X, dit LE HUTIN. 1314. — Charles de Valois voulant se venger d'Enguerrand de Marigny, l'accuse d'avoir dilapidé le trésor, dont le mauvais état n'était cependant amené que par les dépenses exagérées du règne précédent ; il est, malgré son innocence, pendu au gibet de Montfaucon; plus tard sa mémoire est réhabilitée par son propre accusateur.

Mort de la reine Marguerite de Bourgogne, célèbre par ses crimes.

Louis X entreprend une expédition malheureuse contre la Flandre, son armée est presque détruite.

A la mort de ce roi, Philippe V son frère est nommé régent jusqu'à la naissance du fils posthume de Louis X, qui ne vécut que huit jours.

49 Philippe V, dit LE LONG. 1316. — Son avénement au trône fut la première application de la loi salique ; il la fit confirmer et elle devint loi fondamentale du royaume.

Met fin à la guerre de Flandre.

Poursuit les Israélites, accusés faussement d'avoir empoisonné les puits et les fontaines publiques.

49 Charles IV, dit LE BEL. 1322. — Pénurie du trésor ; il fait poursuivre les financiers et les usuriers Lombards. Gérard-Laguette, ministre des finances sous le règne précédent, est accusé d'avoir pillé le trésor public, il est pendu au gibet de Montfaucon; ces exécutions lui méritèrent le surnom de Grand Justicier.

50 Philippe VI, dit LE VALOIS. 1328. — Charles IV le Bel étant mort sans enfant, Philippe VI de Valois monte sur le trône, en vertu de la loi salique Édouard III, roi d'Angleterre, lui dispute la couronne, comme étant plus proche parent du dernier roi, par sa mère Isabelle, fille de Philippe IV le Bel.

Les Flamands, profitant de ces circonstances, se révoltent de nouveau ; ils sont vaincus à la bataille de Cassel.

Nouvelle guerre avec l'Angleterre ; Édouard III est excité à réclamer le trône par Robert d'Artois, qui se venge ainsi du roi de France, qui l'avait laissé dépouiller de son comté et condamner comme faussaire, lors, de son procès contre Mahaud.

Le brasseur Jacques d'Artevelt, fait soulever les Flamands en faveur du roi d'Angleterre.

Édouard est victorieux au combat naval de l'Écluse, mais ne peut s'emparer de Tournay.

La rivalité de Jean de Montfort et de Charles de Blois au duché de Bretagne, sert de prétexte à une nouvelle guerre ; Edouard, qui soutenait Montfort, ravage la Normandie ; mais poursuivi par Philippe, il accepte le combat à Crécy, et remporte la victoire, malgré l'infériorité de son armée.

Siége et prise de Calais par le roi d'Angleterre. Dévouement d'Eustache de Saint-Pierre.

En 1338, terrible famine. Peste en 1348 qui enlève un quart de la population.

Philippe fait l'acquisition de Montpellier, du Roussillon, du comté de Champagne et de Brie ; de plus, Humbert II, duc de Dauphiné, inconsolable de la mort de son fils, cède cette province au roi de France, à condition que le fils aîné du roi porterait le titre de Dauphin.

51 **Jean**, dit LE BON. 1350. — Ce roi commence son règne par des actes impolitiques ; sur un simple soupçon, fait trancher la tête à Raoul, comte d'Eu ; agit de même envers les complices de son gendre, Charles le Mauvais ; il fait même enfermer ce dernier, qui tramait de continuels complots. Cette sévérité peut-être

juste, mais imprudente, le fait détester des grands.

Guerre avec l'Angleterre ; le prince de Galles surnommé le prince Noir, ravageait la France, Jean le Bon l'arrête à Maupertuis, près de Poitiers, l'attaque avec une armée bien supérieure, mais le roi de France a la honte de se voir vaincu, fait prisonnier et emmené en Angleterre.

Le Dauphin Charles est nommé lieutenant général du royaume ; Charles le Mauvais rend son gouvernement difficile, par les révoltes qu'il excite ; Paris allait même être livré au roi de Navarre par Robert le Coq et Marcel, prévôt des marchands, lorsque ce dernier est tué par l'échevin Maillard, et Charles V rentre dans sa capitale.

La guerre avec l'Angleterre recommence ; le traité de Brétigny vient bientôt y mettre fin et le roi est rendu à la liberté. Jean le Bon ayant cru devoir retourner en Angleterre, y meurt la même année.

Invention de la poudre à canon.

52 Charles V, dit LE SAGE. 1364. — L'illustre Duguesclin signale le commencement de ce règne par la victoire de Cocherel, qui anéantit le parti de Charles le Mauvais.

Bataille d'Auray, où Montfort, victorieux de Charles de Blois, s'empare de la Bretagne.

Les grandes compagnies désolent la France, Duguesclin les entraîne par l'espoir d'un riche butin et s'en sert pour détrôner Pierre le Cruel, qu'il remplace par Henri de Transtamare.

Charles V parvient, par ses efforts incessants, joints à l'habileté et au courage du connétable de Duguesclin, à enlever aux Anglais les provinces qu'ils avaient acquises par le traité de Brétigny.

Après la mort de Duguesclin, ce fut Clisson qui lui succéda dans le commandement des armées.

Construction de la Bastille et fondation de la Bibliothèque royale.

Invention des lunettes et du papier.

53 Charles VI, dit l'Insensé. 1380. — Régence de ses oncles, leur mésintelligence et leurs exactions préparent de grands malheurs.

Le duc de Bourgogne, devenu maître, marche avec Charles VI contre les Flamands et les vainc à Rosbec; la révolte des Maillotins qui éclate pendant son absence est bientôt réprimée.

Majorité du roi; il épouse Isabeau de Bavière, et le connétable de Clisson parvient au pouvoir.

Guerre contre le duc de Bretagne, qui avait donné refuge à Pierre de Craon, assassin du connétable de Clisson. Ce fut pendant cette expédition que Charles VI fut frappé de folie; ce nouveau malheur plonge la France dans toutes les calamités de la guerre civile; l'assassinat du duc d'Orléans, par le duc de Bourgogne, met le comble au désordre; la faction des Bourguignons et des Armagnacs (orléanistes) qui en est la suite, déchire la France; ils sont tour à tour victorieux et maîtres des affaires; ils exercent des vengeances avec une égale animosité. Henri V, roi d'Angleterre, profite de ces révoltes pour renouveler les prétentions d'Edouard III, et réclamer le trône de France, marche de victoire en victoire et vainc l'armée française à la bataille d'Azincourt.

Assassinat de Jean sans Peur sur le pont de Montereau, par les gens du Dauphin, au moment où ils cherchaient à se réconcilier.

La reine Isabeau de Bavière, furieuse, fait signer au roi l'infâme traité de Troyes, qui donnait le trône de France au roi d'Angleterre et proscrivait son fils comme indigne de la couronne.

En 1422, Charles VI et Henri V meurent, et Henri VI, roi d'Angleterre, se fait nommer roi de France, tandis que Charles VII, abandonné de presque toute la nation, n'avait que quelques provinces qui lui étaient restées fidèles.

54 Charles VII, dit le Victorieux. 1422. — Ce roi ayant hérité d'un royaume à conquérir, semble ce pendant d'abord s'oublier dans les plaisirs et l'indolence; mais Jeanne d'Arc (née à Domremy, près de Toul) ranime son courage, annonce qu'elle a reçu mission du ciel de délivrer Orléans, et de sacrer le roi à Reims. Charles VII, profitant de l'enthousiasme qu'excite son exemple, marche de succès en succès; Richemont et Dunois, aidés de cette héroïne, font lever le siége d'Orléans, et bientôt le roi est sacré à Reims.

Jeanne d'Arc, sa mission accomplie, désire se retirer; retenue par le roi, elle porte du secours à la ville de Compiègne, mais dans une sortie, elle a le malheur d'être blessée et faite prisonnière par les Bourguignons; elle est ensuite livrée aux Anglais, qui ont la barbarie de la faire brûler vive à Rouen.

Le traité d'Arras avec le duc de Bourgogne hâte le triomphe du roi. Malgré la sédition connue sous le nom de Praguerie, à la tête de laquelle se trouvait le dauphin, il parvient à chasser complétement les Anglais de la France.

L'ambition de son fils Louis XI, qui s'était réfugié chez le duc de Bourgogne, lui cause des craintes continuelles; la peur d'être empoisonné par lui, fait qu'il se laisse mourir de faim.

Invention de l'imprimerie par Jean Guttemberg en 1440 et de la peinture à l'huile par Jean de Bruges.

55 Louis XI. 1461. — Louis XI, arrivé au trône, renvoie les ministres de son père; son pouvoir arbitraire soulève les grands qui se révoltent et forment la fameuse ligue du bien public; mais apercevant sa faute, il détourne l'orage par sa finesse, et la bataille de Montlhéry, quoique indécise est suivie des traités de Conflans et de Saint-Maur, par lesquels, il promet à chacun des avantages qu'intérieurement il comptait ne pas tenir.

Par les derniers traités, le duc de Berry son frère avait obtenu la Normandie, Louis XI l'en chasse. Charles le Téméraire ayant pris son parti, le roi de France, pour éviter la guerre qui pouvait s'ensuivre, fait soulever les Liégeois, pour susciter des embarras au duc de

Bourgogne, et va en même temps lui rendre visite à Péronne ; espérant par ce moyen détourner ses soupçons ; mais la trahison de son ministre la Balue le force à y signer un traité honteux.

Charles le Téméraire, sous le prétexte de venger le duc de Berry, mort empoisonné, attaque le roi de France ; il échoue au siége de Beauvais, que la courageuse Jeanne Hachette défendait.

Le duc de Bourgogne pousse Edouard IV, roi d'Angleterre, à attaquer la France ; cette guerre est bientôt terminée par le traité de Pecquigny.

Charles le Téméraire qui combattait les Suisses est vaincu par eux à Granson et à Morat, il meurt quelque temps après sous les murs de Nancy.

Louis XI dépouille Marie, fille du duc de Bourgogne, et réunit cette province à la France.

S'empare de l'Artois et de la Franche-Comté, au préjudice de Maximilien d'Autriche, qui avait épousé Marie.

Fait acquisition de l'Anjou, du Maine et de la Provence.

Malgré les succès de sa politique, sa cruauté et sa barbarie le rendent odieux ; on l'accuse même d'avoir fait mourir son père et son frère.

Diminue la féodalité par sa sévérité envers les grands Saint-Pol, Charles de Melun et Nemours payent de leur tête leurs révoltes.

Etablissement des postes.

56 **Charles VIII**, dit L'AFFABLE. 1483. — Régence d'Anne de Beaujeu. Le duc d'Orléans, jaloux de l'autorité, intrigue sans succès et en vient à la révolte ouverte, mais il est vaincu à Saint-Aubin du Cormier et enfermé au château de Bourges. Charles VIII, devenu majeur, épouse Anne de Bretagne, et délivre le duc d'Orléans.

Entreprend la conquête du Milanais, sur lequel il avait des droits ; après de brillants succès il s'empare de Naples ; mais Ferdinand le Catholique, Maximilien et le roi d'Angleterre se liguent contre lui ; il est forcé d abandonner l'Italie ; cependant sa retraite est semée de victoires.

Charles VIII projetait une nouvelle tentative sur le Milanais, lorsqu'il mourut sans laisser d'enfant.

Découverte de l'Amérique par Christophe Colomb, en 1492.

Admission des dames à la cour.

57 Louis XII, dit LE PÈRE DU PEUPLE. 1498. — Arrivé au trône, pardonne à ses ennemis en disant : « Le » roi de France ne venge pas les injures faites au duc » d'Orléans. »

Epouse Anne de Bretagne, veuve de Charles VIII l'Affable, après la dissolution du mariage qu'il avait contracté contre son gré avec la fille de Louis XI.

Tourne ses vues ambitieuses vers l'Italie et parvient en moins d'un mois à s'emparer des états de Gênes et de Milan ; ensuite allié à Ferdinand le Catholique, il prend le royaume de Naples ; bientôt la trahison de son propre allié amène sa défaite aux batailles de Séminare et de Cérignoles, et lui fait perdre cette conquête.

Ligue de Cambrai contre les Vénitiens ; il remporte sur eux l'éclatante victoire d'Agnadel ; le pape Jules II, Maximilien d'Autriche et Ferdinand le Catholique qui étaient de son parti, forment une ligue contre lui. Gaston de Foix, neveu de Louis XII, soutient d'abord par son héroïsme nos armes en Italie, mais il est tué au moment de son triomphe, à la bataille de Ravenne ; sa mort entraîne bientôt la défaite de nos armées ; la France est envahie et le roi, forcé de renoncer à ses conquêtes, signe la paix avec l'Angleterre et épouse la sœur de Henri VIII.

Se fait adorer du peuple et diminue les impôts.

58 François Ier, dit le PÈRE DES LETTRES. 1515. — Comme ses prédécesseurs, il veut faire valoir les droits de la France sur le Milanais, passe les Alpes et gagne la fameuse bataille de Marignan, qui l'en rend possesseur. Henri VIII, Maximilien et le pape Léon X, jaloux de ses succès, s'unissent pour l'attaquer ; bientôt le traité de Fribourg, appelé la paix perpétuelle, met fin à la guerre.

Rivalité de François Ier et de Charles V au trône impérial ; ce dernier a l'avantage ; la haine des deux rivaux cause de grands maux à la France.

La guerre ayant recommencé, François Ier se voit enlever Gênes et le Milanais, après avoir perdu la sanglante bataille de la Bicoque ; de plus, la trahison du connétable de Bourbon cause de nouvelles défaites.

Bonnivet est vaincu à Rebec, l'intrépide Bayard y perd la vie.

François Ier ayant passé les Alpes, met en fuite tous ses ennemis, entre en vainqueur à Milan ; mais s'étant arrêté pour assiéger Pavie, il est vaincu, blessé et fait prisonnier sous les murs de cette ville : Charles V ne le rend à la liberté que l'année suivante, après avoir signé la paix de Madrid.

François Ier refuse d'exécuter les articles les plus onéreux de ce traité, la guerre recommence ; Bourbon est tué au siége de Rome, ses soldats mettent cette ville au pillage, enfin l'empereur et le roi de France signent la paix de Cambrai, dite paix des dames, et François épouse Éléonore, sœur de Charles V.

Cette paix qui semblait durable, est bientôt troublée ; cependant la trêve de Nice suspend pour un moment les hostilités.

Charles V désirant traverser la France pour aller réprimer la révolte des Gantois, l'obtient en promettant l'investiture du Milanais au fils de François Ier ; aussitôt passé, il renie sa parole et la guerre recommence.

Le comte d'Enghien est victorieux à Cerisoles. Après avoir guerroyé deux ans, une nouvelle paix est signée à Crépy.

François Ier meurt peu de temps après. Il se fit remarquer par la protection qu'il accorda aux lettres et aux arts ; on lui doit la conservation des auteurs anciens.

Ce fut sous son règne que les schismes de Luther et de Calvin eurent lieu.

59 Henri II. 1547. — Continuation de la guerre contre Charles V, Henri II s'empare de Metz, Toul et Verdun, l'empereur s'en venge en venant assiéger Metz; il est repoussé par le duc de Guise, qui l'année d'après le vainc encore à la bataille de Renti; Charles V, dégoûté des grandeurs, abdique en faveur de son fils Philippe II, qui continue la guerre contre la France; il est aidé par son épouse Marie, reine d'Angleterre. Le connétable de Montmorency, qui commandait l'armée française, est vaincu et fait prisonnier à la bataille de Saint-Quentin.

Le duc de Guise ranime le courage de l'armée, s'empare de la ville de Calais, et malgré nos revers à la bataille de Gravelines, la paix est signée à Cateau-Cambrésis et cimentée par le mariage d'Élisabeth, fille de Henri II, avec Philippe II, roi d'Espagne.

Ce fut pendant les fêtes célébrées à l'occasion de cet hymen, que Henri fut frappé mortellement en se battant dans un tournoi contre le comte de Montgommery.

60 François II. 1559. — Il avait épousé Marie Stuart, héritière du trône d'Écosse, et nièce des Guises; aussi ces derniers se rendent maîtres du gouvernement au préjudice de Catherine de Médicis.

Supplice d'Anne Dubourg; les Calvinistes furieux conspirent; Larenaudie, Coligny et le prince de Condé à la tête des conjurés devaient enlever le roi à Amboise.

Cette conspiration est découverte et déjouée.

Le prince de Condé accusé de nouveaux complots, allait monter sur l'échafaud, mais il est sauvé par la mort de François II.

61 Charles IX. 1560. — Charles IX n'étant âgé que de dix ans, sa mère Catherine de Médicis s'empare de la régence; elle divise tous les partis et s'en sert tour à tour pour augmenter son pouvoir.

Ministère du chancelier de l'Hopital; il se fait remarquer par la sagesse de ses ordonnances.

Colloque de Poissy; il augmente encore l'animation des partis catholique et protestant.

Massacre de Vassy, amené par une querelle entre les protestants et les gens du duc de Guise ; la guerre civile s'allume, les catholiques prennent Rouen et Dreux, mais le duc de Guise est assassiné par Poltrot sous les murs d'Orléans.

Traité d'Amboise ; il est bientôt rompu : les protestants sont encore vaincus dans les plaines de St-Denis ; le connétable de Montmorency y est tué.

Les Calvinistes obtiennent le traité de Longjumeau, qui est presque aussitôt violé, et le duc d'Anjou, depuis Henri III, est vainqueur à Jarnac et à Moncontour.

Cathérine de Médicis, désespérant de réduire les protestants par la force, emploie la ruse ; elle conclut avec eux le traité de St-Germain, qui leur accordait de grands avantages et profite du moment où, pleine de confiance, les chefs étaient réunis à Paris pour le mariage de Henri de Navarre (Henri IV) avec Marguerite de Valois, pour ordonner les Massacres de la St-Barthélemy, qui commencent dans la nuit du 23 au 24 août 1572. La France entière est inondée du sang des calvinistes, qui, malgré ces atrocités, ne se laissent pas abattre, et ne respirant que la vengeance, recommencent la guerre avec plus d'animation que jamais.

Le duc d'Anjou, qui gouvernait la Pologne depuis un an, revient en France après la mort de son frère, qui fut atteint d'une maladie qui parut aux yeux de son peuple comme une punition du ciel.

62 Henri III. 1574. — Le trône lui est conservé par sa mère, Catherine de Médicis, jusqu'à son retour de la Pologne. Continuation de la guerre entre les protestants et les catholiques, ces derniers ont à leur tête Henri, fils de François de Guise ; Henri III, pour la terminer, signe la paix de Beaulieu, qui donne de grands avantages aux réformés. Les catholiques mécontents forment la sainte ligue, à la tête de laquelle se trouvait le duc de Guise ; elle cachait sous l'apparence de la défense de la religion le but de détrôner le roi.

La mort du duc d'Anjou rend Henri roi de Navarre

l'héritier le plus proche du trône, les chefs de la ligue l'en excluent, Henri de Bourbon soutient ses droits et se signale par la victoire de Coutras ; cependant les Allemands, qui venaient à son secours, sont vaincus à Vimory et à Auneau.

Révolte à Paris contre Henri III, connue sous le nom de journées des barricades ; elle est organisée par le comité des Seize, soumis à la volonté des Guises.

Le roi assemble les états généraux à Blois et fait assassiner le duc et le cardinal de Guise, croyant ne pouvoir arrêter autrement leurs projets ambitieux. La révolte devient alors presque générale ; le duc de Mayenne, frère du duc de Guise, remplace ce dernier comme chef de la ligue.

Henri III, abandonné de tous, joint ses troupes à celles de Henri de Navarre, et ils marchent pour assiéger Paris, mais il est assassiné à Saint-Cloud par Jacques Clément.

63 Henri IV, dit le GRAND. 1589.—Henri IV, voyant son armée affaiblie, marche au-devant du secours que lui envoyait Élisabeth, reine d'Angleterre ; le duc de Mayenne l'ayant poursuivi est vaincu près d'Arques, Henri IV le bat encore à la bataille d'Ivry.

Le cardinal de Bourbon, qui avait été proclamé roi par les ligueurs, sous le nom de Charles X, meurt bientôt. Henri IV assiége de nouveau Paris qu'il réduit à une affreuse famine ; Alexandre Farnèse, à la tête d'une armée espagnole, parvient à délivrer la capitale ; il agit de même pour Rouen qu'Henri IV avait poussé à une semblable extrémité.

La conversion de Henri IV aplanit les difficultés qu'on mettait à son avénement au trône et met la ligue aux abois, Paris ouvre ses portes, et Mayenne qui se soutenait encore, aidé des Espagnols, est vaincu à Fontaine-Française.

L'immortel Sully, ministre et ami de Henri, rétablit les finances de l'Etat et contribue par sa sagesse, à rendre la France heureuse et honorée.

L'Espagne, qui avait continué la guerre, est bientôt forcée à signer un traité.

Ce roi apaise les querelles religieuses par l'édit de Nantes.

Henri IV allait former une coalition pour abaisser la puissance de la maison d'Autriche, lorsque, le criminel Ravaillac l'assassine dans la rue de la Ferronnerie, à Paris.

64 Louis XIII, dit LE JUSTE, 1610. — Régence de Marie de Médicis; le Florentin Concini son favori, nommé maréchal d'Ancre, est à la tête des affaires, ses exactions et son ambition le font détester des grands, qui se révoltent, et Louis XIII, conseillé par Albert de Luynes, secoue sa tutelle; Vitry chargé de l'arrêter, le tue à cause de sa résistance, et Eléonore Galigaïe, son épouse, est condamnée à avoir la tête tranchée.

La régente exilée à Blois excite la guerre civile. Richelieu prélude à sa future autorité en réconciliant la mère avec le fils.

Ce profond politique effraie les grands en faisant monter sur l'échafaud le comte de Chalais et le duc de Bouteville et réprime ainsi leurs révoltes.

Le parti protestant, qui était un continuel ferment de sédition, se soulève à la Rochelle, comptant sur l'appui de l'Angleterre; Richelieu assiége ce dernier boulevard du protestantisme et s'en empare.

Expédition en Italie, Louis XIII est victorieux, Marie de Médicis ayant conspiré contre Richelieu, meurt en exil à Cologne, le maréchal de Marillac qui l'aidait, a la tête tranchée.

Plus tard, le duc de Montmorency a le même sort, ayant conspiré avec Gaston d'Orléans contre ce redoutable ministre, qui anéantit ainsi le pouvoir féodal en faisant respecter l'autorité royale.

Richelieu, mettant à exécution les desseins de Henri IV, attaque la maison d'Autriche et aide au grand Gustave Adolphe, roi de Suède, contre l'empereur Ferdinand II; ce héros marche de victoire en victoire et meurt à Lutzen enseveli dans un dernier triomphe.

Fait la guerre contre l'Espagne avec succès.

Conspiration de Cinq-Mars contre Richelieu; cet audacieux expie sur l'échafaud sa témérité.

Mort de Richelieu. Louis XIII meurt un an après.

65 **Louis XIV**, dit LE GRAND. 1643. — Régence d'Anne d'Autriche, le cardinal de Mazarin a toute l'autorité comme premier ministre.

Continuation de la guerre contre l'Espagne, Turenne et le grand Condé remportent de grandes victoires; nous citerons entre autres celles de Rocroy, Fribourg, Lens et des Dunes; elles amènent le traité de Westpnalie avec l'Allemagne, et plus tard, la paix des Pyrénées avec l'Espagne. Cependant la France était agitée à l'intérieur par la guerre de la Fronde, dirigée contre Mazarin.

Majorité de Louis XIV; Colbert, à la tête des finances, prépare par ses réformes la splendeur de ce regne.

Guerre de la succession d'Espagne, le roi réclame les Pays-Bas au nom de son épouse Marie-Thérèse; après une brillante campagne il signe le traité d'Aix-la-Chapelle.

Expédition contre la Hollande, elle allait succomber, mais l'Europe forme contre la France une formidable coalition; Louis XIV se soutient contre tous ses ennemis et les force d'accepter ses conditions au traité de Nimègue.

Guerre en faveur de Jacques II, roi d'Angleterre, qui avait été détrôné par son gendre Guillaume III; ce dernier forme une nouvelle coalition contre la France, Louis XIV après une guerre onéreuse aspire à la paix, elle est signée à Ryswick.

Révocation de l'édit de Nantes, qui provoque toutes les horreurs de la guerre civile dans les Cévennes.

Guerre de la succession d'Espagne; le roi Charles II ayant légué ses états au duc d'Anjou, petit-fils de

Louis XIV, les puissances jalouses forment une vaste coalition, la France se voit pendant douze ans en butte à de grands revers, semés de rares succès ; le prince Eugène et Marlborough la mettent à deux doigts de sa perte ; après avoir gagné les sanglantes batailles d'Hochstœdt, Ramillies et Malplaquet ; mais la victoire de Villars à Denain engage les ennemis à signer la paix d'Utrecht, à des conditions moins dures que celles qu'ils exigeaient d'abord.

Sous ce règne l'industrie, le commerce et la marine font d'immenses progrès, ainsi que l'art militaire et la législation ; il est surtout remarquable par les chefs-d'œuvre de la science, des lettres et des arts, si magnifiquement récompensés par ce grand roi.

66 Louis XV, dit LE BIEN-AIMÉ. 1715. — Le parlement ayant annulé le testament de Louis XIV, Philippe, duc d'Orléans, est déclaré régent.

Le système de Jean Law, adopté dans l'espoir d'acquitter la dette nationale, ne produisit malheureusement que la ruine de cent mille familles.

Le cardinal Dubois, premier ministre, déjoue la conspiration du prince de Cellamare, ambassadeur d'Espagne, qui, secondant la politique du cardinal d'Albéroni, ministre de Philippe V, voulait enlever la régence au duc d'Orléans pour la donner à son maître.

Majorité de Louis XV, ministère du cardinal Fleury.

Guerre en faveur de Stanislas Leczinski, beau-père du roi, pour le venger de l'empereur, qui avait fait échouer ses prétentions au trône de Pologne ; il reçut en dédommagement le Barrois et la Lorraine.

La France se trouve entraînée peu de temps après dans la fameuse guerre de la succession d'Autriche, contre Marie Thérèse ; après des succès et des revers, Louis XV parvient par ses victoires en Flandre, à Fontenoy et à Laufeld, à signer à l'avantage de la France la paix d'Aix-la-Chapelle.

Guerre avec l'Angleterre ; prise de Minorque et de Port-Mahon.

Ligue contre Frédéric le Grand, roi de Prusse ; les Français, d'abord victorieux, sont vaincus par lui à Rosbach et à Minden, etc. ; de plus, les Anglais s'em parent de nos colonies et malgré le pacte de famille, conclu entre l'Espagne et la France, nous sommes forcés d'accepter l'onéreux traité de Paris, par lequel, nous perdons nos principales colonies.

Exil du Parlement à Pontoise.

Mort de Louis XV, il laisse la France abaissée par l'étranger et les finances dans l'état le plus déplorable.

67 **Louis XVI**, 1774. — Louis XVI avait épousé Marie-Antoinette d'Autriche.

Ministère de Turgot et de Malesherbes, suppression de la question préparatoire et des corvées.

Ministère de Necker.

Révolte en Amérique. Washington résiste à l'Angleterre et parvient, aidé de la France, à rendre les états de l'Amérique indépendants, sous le nom de république des Etats-Unis ; Lafayette et Rochambeau s'y distinguent à la tête des Français. 1776.

Guerre avec l'Angleterre ; la France, malgré la gloire qu'elle en tire, marche à sa perte par l'énorme déficit que cette lutte prolongée cause à ses finances.

Ministère de Calonne, bientôt suivi de celui de M. Loménie Brienne ; ils ne trouvent ni l'un ni l'autre des remèdes aux maux de la France.

Necker est rappelé ; il réclame la convocation des états généraux.

Révolution. 1789. — Réunion des états généraux à Versailles. Les membres du tiers état se forment en assemblée nationale constituante et font serment dans la salle du jeu de paume de ne se séparer qu'après avoir donné une constitution à la France.

14 juillet. Exil de Necker, le peuple se révolte, assiége et prend la Bastille.

La révolte du peuple contre la noblesse et le clergé amène l'émigration à l'étranger.

Insurrection du 6 octobre à Versailles, le roi vient

résider à Paris et accepte la déclaration des droits de l'homme.

Le 4 février 1790 Louis XVI jure de maintenir la constitution.

L'assemblée nationale supprime la noblesse. La France est divisée en départements.

Le club des Jacobins a une grande influence.

Le roi, effrayé, se sauve ; il est arrêté à Varennes et suspendu de ses fonctions ; il ne les reprend qu'après avoir accepté la constitution.

Assemblée législative ; elle prononce la peine de mort contre les émigrés et la déportation contre les prêtres qui refusent le serment de maintenir la constitution ; le roi ayant opposé son veto à ces décrets, le 20 juin le peuple se soulève et attaque les Tuileries ; Louis XVI, ayant fait ouvrir les portes, parvient à le calmer.

Révolution du 10 août ; le peuple massacre les Suisses qui défendaient le roi et demande la déchéance de ce prince, qui est enfermé au Temple.

Massacres de septembre.

68 Première république. 1792. — En 1792, la convention nationale proclame la république.

Invasion de la France, les Prussiens sont vaincus à Valmy, par Kellermann, et les Autrichiens à Jempes, par Dumouriez ; ce dernier s'empare de la Belgique.

La Convention condamne Louis XVI à mort, il est exécuté le 21 janvier 1793.

Trahison de Dumouriez ; la Convention parvient par son audace à faire face à toute l'Europe coalisée.

Pouvoir de Robespierre, époque dite de la terreur ; il fait monter sur l'échafaud tous ceux qui résistaient à son autorité.

Louis XVII, fils de Louis XVI, meurt prisonnier au Temple.

Guerre de la Vendée, la Convention est encore victorieuse du parti royaliste.

La révolte du 9 termidor 1794 met fin à la terreur ;

Robespierre et tous ses partisans ont la tête tranchée.

Directoire. 1794. — Création du Directoire. Le général Bonaparte et le général Barras le soutiennent contre l'insurrection de Vendémiaire.

Grandes victoires. Bonaparte s'illustre à celles de Montenotte, Mondovi, Lodi, Arcole, Rivoli, etc. Les généraux Kléber, Moreau et Hoche, aussi heureux que lui sur les bords du Rhin et de la Meuse, amènent par leurs succès le traité de Campo-Formio, qui assure la Belgique et la Lombardie à la France.

Insurrection de Saint-Domingue.

Coup d'état du 18 fructidor. La Suisse et l'Italie, aidées de la France, se déclarent en République.

Expédition d'Egypte; Napoléon Bonaparte gagne les batailles des Pyramides et d'Aboukir.

Nouvelle coalition contre la France. Victoires des Russes commandés par Suwarow; Masséna l'arrête et le vainc près de Zurich. Le général Brune triomphe en Hollande.

Consulat. 1799. — Les continuelles discordes du Directoire fatiguent le peuple. Napoléon de retour d'Egypte parvient, le 18 brumaire, à s'emparer de l'autorité comme premier consul.

L'intérieur de la France est pacifié par sa sagesse, et son courage repousse les ennemis du dehors. Ses victoires en Italie, où il gagne la bataille de Marengo, jointes aux succès de Moreau en Allemagne, forcent l'empereur à signer la paix de Lunéville en 1802.

Donne à la France un code qui porte son nom.

Nommé d'abord consul à vie, il prend ensuite le titre d'empereur, en 1804.

69 Napoléon I, dit LE GRAND. 1804. — Sacré empereur par le pape Pie VII; ayant ensuite pris le titre de roi d'Italie, l'Autriche l'attaque, elle est vaincue, et les Russes ses alliés complétement battus à Austerlitz; le traité de Presbourg vient bientôt lui assurer ce titre, et, de plus, le Tyrol et Venise tombent en son pouvoir.

Donne le trône de Naples à son frère Joseph ; celui de Hollande à son frère Louis, et celui de Westphalie à son frère Jérôme.

Guerre contre la Prusse et la Russie ; il est victorieux aux batailles d'Iéna, Eylau et Friedland, et la paix de Tilsitt est signée.

Guerre d'Espagne. Napoléon donne cette couronne à Joseph, et Murat est placé sur le trône de Naples. L'Autriche, profitant de la révolte des Espagnols, attaque la France. L'empereur est encore victorieux aux batailles d'Eckmuhl, d'Esling et de Wagram ; et après avoir répudié l'impératrice Joséphine, il épouse l'archiduchesse Marie-Louise, fille de l'empereur d'Autriche.

Naissance du roi de Rome.

L'Espagne, aidée de l'Angleterre, se soutient contre les efforts des Français, et malgré les victoires de Suchet et de Soult, nos troupes sont forcées de repasser les Pyrénées en 1813.

Campagne de Russie ; l'empereur est victorieux à la bataille de Smolensk ; celle de la Moskowa le rend maître de Moscou, mais après celle de la Bérésina, commencent nos revers et la terrible et désastreuse retraite de notre armée. La Prusse, l'Autriche et la Bavière se joignent à la Russie ; Napoléon, malgré le nombre de ses ennemis, est encore victorieux à Lutzen et à Dresde, mais la défection des Wurtemburgeois et des Saxons, pendant la bataille de Leipsick, cause notre défaite.

L'empereur refuse la paix qui lui est offerte, les alliés entrent en France ; Napoléon gagne les fameuses batailles de Brienne, Champ-Aubert, Montmirail et Montereau ; bientôt accablé par le nombre, et Paris ayant capitulé, il abdique en faveur de son fils Napoléon II, et ses ennemis le relèguent à l'île d'Elbe.

70 Louis XVIII. 1814. — Placé sur le trône par les souverains alliés, il donne à la France la Charte constitutionnelle, il perd bientôt la confiance du peuple par ses tendances à l'ancien régime, Napoléon en profite pour rentrer en France ; débarque à Cannes le 1er mars ; le 20 il entre aux Tuileries, et les Bourbons sont proscrits.

Cependant une nouvelle coalition se forme contre l'empereur, et la trahison lui ayant fait perdre la bataille de Waterloo, il tombe de nouveau au pouvoir de ses ennemis, et va terminer dans l'exil, à Sainte-Hélène, sa brillante carrière.

Assassinat du duc de Berry par Louvel.

Naissance du duc de Bordeaux.

Mort de Napoléon, le 5 mai 1821.

Louis XVIII rétablit Ferdinand VII sur le trône d'Espagne.

71 Charles X. 1824. — Expédition en faveur de la Grèce ; combat naval de Navarin ; les flottes française, anglaise et russe, anéantissent celle des Turcs.

Des lois impopulaires amènent une vive opposition ; le ministère de Polignac met le comble au mécontentement.

Prise d'Alger, le roi s'appuyant sur cette victoire, lance ses fameuses ordonnances, qui font éclater la révolution du 27, 28 et 29 juillet 1830. Charles X est détrôné et va mourir en exil.

72 Louis Philippe. 1830. — Accepte la couronne qui lui est offerte par les chambres.

Expédition en Belgique, prise de la citadelle d'Anvers.

Continuation de la guerre en Afrique ; notre pouvoir s'y étend de plus en plus, après les expéditions de Bône, Bouffarich, Blida, Bougie, d'Oran, Mascara, Tlemcen et de Constantine, etc., Abd-el-Kader est vaincu et fait prisonnier, ensuite, la bataille d'Isly, gagnée sur l'empereur de Maroc, assure nos conquêtes.

Pendant ce règne, l'industrie fait de rapides progrès ; cependant plusieurs tentatives sont dirigées dans le but d'assassiner ce roi et plusieurs émeutes ensanglantent Lyon et la capitale ; une dernière révolution en 1848 précipite Louis-Philippe du trône, après dix-sept ans de règne.

73 Deuxième république. 1848. — Le 24 février le peuple, maître de Paris, nomme un gouvernement provisoire, la France est déclarée en république et une assemblée nationale issue du suffrage universel sanctionne la forme du gouvernement, et donne une nouvelle constitution.

Emeute du 15 mai. Insurrection de juin.

Le vote universel porte Louis-Napoléon Bonaparte à la présidence.

Expédition de Rome.

74 Napoléon III. 1852. — Le 2 décembre 1852, Napoléon prend le titre d'empereur; il donne une nouvelle constitution.

HISTOIRE DE FRANCE

HISTOIRE SAINTE

HISTOIRE D'ANGLETERRE

GÉOGRAPHIE DE FRANCE

HISTOIRE ROMAINE

HISTOIRE ET GÉOGRAPHIE
DE FRANCE
HISTOIRE D'ANGLETERRE & HISTOIRE SAINTE

www.ingramcontent.com/pod-product-compliance
Lightning Source LLC
LaVergne TN
LVHW021750170726
843503LV00004B/1798